祈りは響く ～京都・奈良を巡る音楽エッセイ

目次

京都にクラシックはよく似合う　7

あとがき

写真　今村有里

京都にクラシックはよく似合う

高瀬川

一、京の旅はここから

私にとって京都の朝はいつもここから始まった。

それは鴨川に架かる二条大橋だ。

朝早く、私はこの橋に立って、鴨川の水面と両側の堤、京の町並み、そして遠くの山並みを見渡す。何故、二条の橋なのかと言うと、橋のすぐ傍に私が常宿にしていたホテルFが建っていたからだ。

このホテルに宿泊した翌朝、私は早起きして二条の橋で深呼吸をした後、近くの木屋町通にある「高瀬川・一ノ舟入《いちのふないり》」に行く。

楚々とした流れに繋がれた小舟や瀟洒《しょうしゃ》な橋、並木の桜を眺めながらひとしきり歩き、それから土手を降りて鴨川の堤を散歩するのが日課だった。

これが私の京都での一日の始まりであり、無上の楽しみだった。

私は京都の街やその近郊の山々、滋賀の琵琶湖、さらに足を伸ばして奈良、飛鳥、大和路をこよなく愛し、観光シーズンの時期を除いて、毎月のように通った。

私が関西を好む理由は、最初、寺社などの建造物や仏像への興味から始まった。大和や京には歴史的に貴重な寺社、仏像・神像が数え切れないほどあって、それらを写真や本で調べては、いつか自分の眼で見てみたいものと常々憧れていた。

とくに、林屋辰三郎著「日本・歴史と文化」という上下二巻の分厚い本は文章を諳んじてしまうほど熱心な愛読書だった。中では古代から奈良時代、平安時代、そして戦国から江戸初期、つまり織豊政権から徳川幕府開府までが最も私の好むところだ。

こうした歴史書での表舞台は政権の中心地であり、それは取りも直さず大和、奈良、京都だったから、当然のように、私の興味が関西に集中したのだった。

それは、この地方への偏愛と言ってもいいのかもしれない。

そして、初めての京都旅行が実現した小学校5年生以来通い続けているうちに、この地の風土全体が私の身体に馴染んでいき、肌にすっかり合うようになったのだ。

私は東京で生まれ、両親も東京育ちで、まったく関西とは縁がないのだが、父と母は旅行と言えば京都、と言うくらい京都好きだった。それで、私も自然に関西地方によく出かけるようになったのかもしれない。

それと、学生時代に、旅行社の添乗員のアルバイトで頻繁に修学旅行のお手伝いをしたのも京都・奈良に親しみを抱くきっかけになった。

私はその後、クラシック音楽と合唱の仕事を始めて、自身の究めようとする芸術の深さとそこに立ちはだかる壁や生活の困難さ、また、これはどの社会でも同様だが直面する対人関係の難しさからの逃避の目的で度々京都、奈良を訪れるようになった。

これは言わば「癒しと憩い」を求めての旅だったろう。

こうした時、この地の暮らしぶりの懐の深さとか、お寺で出会った仏さまたちの叡智を湛えた眼差しは私を優しく包みこみ、慰め励ましてくれた。

つまり、この地の風土は、私にとって精神的支柱になったのだった。

だから、私にはこの地のたおやかな山並みや、とげとげしさのない柔らかい空気が、何時訪れてもひたすら懐かしく思われてならないのだ。

その中でも、京の街の真ん中を流れる鴨川は、私が京都好きになった原点の場所と言っていい。

長いこと、私の京都の旅はいつもここから始まった。それは、ここの景色が、私の心に強く刻み込まれるに至った特別な体験があったからだった。

鴨川の堤で

この辺りは三条、四条の繁華《はんか》や喧騒《けんそう》からかなり離れていて、そのために街並みも人の暮らしも落ち着きがある。

さらに素晴らしいのは、清流の背景には鞍馬《くらま》から花背《はなせ》、美山《みやま》に続く京北の山々、東に比叡や如意ケ嶽が形よく迫り、その姿が優しく旅人を迎え入れてくれるごとく見えることだ。

かの頼山陽《らいさんよう》は、ここを「山紫水明処《さんしすいめいしょ》」と名付け、自ら庵を編んだというが、彼ならずとも、濁った気持ちさえ一気に晴らしてしまうごとき風光の地なのだ。

二条大橋の畔から一段低く小道が伸びていて、設えてある階段を下っていけばすぐに鴨川の堤に出られる。

堤を川上に行くに連れて、瀬の音がだんだん増してきた。

車や人から遠ざかるのと、川の中の小さな堰で流れが軽やかな響きを立てているからだろう。

ここに、此方から向う岸に向かって飛び石が一列に置いてあって、子供たちが時々そこを渡っていく。

私は、ふいにその石の上を歩きたいと思った。

向う岸まで行かれなくても、せめて流れの真ん中くらいまで行ってみたいと思った。

生まれつきの剣呑《けんのん》がりの私に、この飛び石を果たして渡れるかという不安よりも、どうしても川の中に行ってみたいという欲望が強かった。

逆らえないような何かに背を押されるようにして、川べりの石段から流れの中に歩を進めると、石と石とは思った以上に離れている。恐々一つ二つと石を越え、やっとのことで川の真ん中に立った。

ここではもう、川瀬の音だけが私の耳を圧していて、他には何も聞こえない。

周囲の水の流れに気圧され、思わず目を瞑ってしまった。

水の匂いを胸いっぱいに吸い込むと、何だか体中が碧く染まった気がした。

この時、瞼のうちににが火が点いたように急に赤くなった。

驚いて思わず目を開けると、朝靄《あさもや》の東山の裾から一条の光が射し、川面がそれを反射して燦《かが》き、遠くの山々の頂まで光芒が瞬いたように見えた。

そのうちに、夜明けの影を宿していた家々や、お寺の堂塔も目が覚めたかのように姿を顕にしてきた。

まるで暁の光が弾ける音となって聞こえた気がした。

京都の街が今、一日の生命を吹き込まれたのだと思った。

瀬音と水の匂い、強烈な朝の光に目覚めていく京の家々。

私は鴨川の中に立ち尽くしながら、心から感動した。それまでの私が新しい生命を得たように思われたからだった。


この朝の体験は、私の京都通いの頻度を格段に倍増させた。

歴史ある寺や社、街の賑わいと新旧が入り混じった風情、そして何より人々が憩うべき自然の豊かさに魅了されたのだ。

実際、京都にいると、川の流れの音、木の葉の触れ合う音、何より街で聞こえる生活の音が東京とは絶対に違う。最も鮮明に感じるのは、京都人の長年培ってきた暮らしのリズムが私の耳には陰翳深く和やかに響くことだ。

京都の暮らしの基本は「ハレ」と「ケ」の峻別にあって、そのリズムの波が暮らしすべてを醸していくのだと思う。

しかし、京都と京都人はけっして古いものに固執しているのではない。新奇な、あるいは異質なものを受け容れ、混淆を拒否しないのだ。

抑々、良質な文化というのは、異質なものと混じり合って発展する。京都が永く伝え護ってきた「和風」もまた然り。近年和風とか日本文化ひいては日本国そのものを自賛し贔屓し過ぎる風潮が増しているように感じられてならない。大震災直後の萎縮の反動なのか、日本文化の良さは仰々しい喧伝を敢えてしないところにあったのではないだろうか。健全な論調というのは常に改革を惜しまないものだ。

私たちはこの点で京都の気風を学ばねばならない。京都には規則正しい生活の律動があり、黒白混淆の長い歴史の流れがあり、推古と進取の人智が結晶している。

それに、京都における自然の美というものは、平安期から脈々とここで暮らしてきた人々の手によって造り上げられたものだ。保津川や高瀬川を開鑿《かいさく》して船便を通した角倉了以を筆頭に、明治時代に琵琶湖疏水を通じさせて零落した京都を復興させた大事業まで、人の手を経た自然美は至る所にある。

即ち京都そのものが芸術作品なのだ。

私が思うに、ここには千二百年の大シンフォニー、つまり過去から現在までの総ての想いが詰まった「都」が響きつづけていると思う。だからこの絶え間ないハーモニーをずっと私の耳で聴き取っていたいのだ。

尤もこんな風に心地よく山や川が迎えてくれる日もあれば、他所者の私を拒絶するかのように濁った流れが逆巻き、その恐ろしさに身が竦んだ日もあった。

しかし、それでこそ人智の及ばぬ自然の業であり、私たちは諾々と受け容れるしかない。日頃、東京で人工物に囲まれて生活していると自然の変化に疎くなる。ところが一旦京都に来れば、四季折々と言うより毎日々々の微かな風の匂いで気候の変化に気づかされて、それがまた嬉しい。

とりわけ緑の濃さ、空の色や雲のかたち、鳴き交わす鳥たちの影。それらが最もよく感じられた場所が鴨の河原だった。

鴨川の流れに身を委ねていた時にふと頭に浮かんできた音楽があった。それはグリーグの「ホルベルク組曲」の第1曲「プレリュード」の冒頭だった。

この曲は軽快なピアノ版が原曲だが、作曲者の手による分厚くふくよかな響きの弦楽合奏編曲版の方が断然素晴らしくて、何よりこの風景に合う。

「プレリュード」の開始、8分音符＋16分音符の躍動するリズムと絶え間ない川の水音が見事に呼応していると直感した。

だから、川の流れをバックにこの旋律、このリズムを口ずさむと、何か心が浮き立ってきて愉しくなってしまう。

飛び跳ねるように刻む弦楽器の豊かなサウンド、そして川面を撫でるように吹く風は第1ヴァイオリンが奏でるメロディーそのものだ。

一方、岸辺の堤をゆったりと景色を眺めながら歩く時は、同じ「ホルベルク組曲」の第2曲「サラバンド」がぴったりだ。

バロック音楽を模倣した清楚な佇まいだが、内容的にはロマンティックな味わいがある。少しだけ暗く苦いものが曲の端々から聴こえてくるからだ

さらに、第4曲「アリア」は、思い出すだけで涙が出そうになってしまう。

この曲は、青く澄んだ空の下、ひたすら日常を忘れて、ただわけもなく心の裡を思い切り曝け出したい、そのような気持ちが思わず誘い出されてくる音楽だ。

この曲は明るい曲調なのに、何故か暗い影がつきまとう。ちょうど陽の光が雲に遮られた時の一瞬の翳りのように、風景も空気も色彩を一変させる。

自然と人間の心の境目が画然としないくらい清冽な北欧の雰囲気が京都に似合っている所為でもあろう。

私が愛聴するスウィトナー指揮ベルリン・シュターツカペレの分厚い弦楽と鄙びた響きは、現代では聴くことが出来なくなった旧東ドイツ時代独特のものだ。だが、ピュアで率直な素朴さがこの音楽にぴったりだと思う。

スウィトナーは一見穏やかな風貌だったけれど、かなり熱く抉りの効いた指揮をした。この録音のあった頃私は実演でよく聴いていたが、その集中力は凄絶なものだった。

＊グリーグ／組曲「ホルベアの時代から（ホルベルク組曲）」作品４０
オトマール・スウィトナー（指揮）シュターツカペレ・ベルリン

鴨川から賀茂川へ

鴨川を上って行く。

丸太町橋から川上は木々の影が濃くなり、春の新緑、晩秋の紅葉が美しい。

十一月になって、鴨川に沿って走る川端通の紅葉を丸太町橋から眺めると、高い建物が少なくなる所為か、東山と街路樹の紅葉が何物に遮られることなくひと続きに見える。日本の地方都市でも、川と山が織り成す風景をもつところは数多くあるけれど、京都ほどの大都市、それも長い歴史を踏み越えてきた都にあって、かくまでに心躍らせる紅葉を見せてくれる街がほかにあるだろうか。

ここを過ぎると、すぐに八瀬の方から流れてくる高野川との合流地点である出町に至る。

この三角形の部分には糺《ただす》の森《もり》が広がり、奥には下鴨神社が鎮座している。ここより上流を賀茂川と呼び、さらに上流に行けば上賀茂神社がある。

　地図で見れば、この賀茂川と高野川が合流して鴨川となって北から南へ京都の街を貫き流れ、ここに暮らす人々の生活に影響を与えてきた。

　この川が整備されたのは近世以後のことで、昔は水害も引き起こす暴れ川だったという。しかし川は物資の流通にも貢献するなど都がこの地に制定される要因ともなった。京都にとって重要な縦のラインだ。だからこそ勢力を張っていた賀茂氏一族の守護神、鎮守がこの川筋の上と下にあるのだろう。


　賀茂川の両岸の賀茂堤を八月、送り火の翌日に散歩した。

　ここには緑が広がっていて、桜の木もたくさん植えられている。川幅よりも岸辺の堤の方が広くて、遊歩道からは空も広々感じられて心地よい。昼間は歩く人が多いし子供たちの歓声で賑やかだ。

　京都の街の北部を西は金閣寺から東に一文字に抜ける鞍馬口通りが賀茂川に架かるところに出雲路橋がある。南北の縦ラインに対して言えば東西の横ラインということになろう。もちろん東西の街路は何本も通っていて、いずれも重要な道筋を形作っている。

こうして出現した南北と東西、すなわち縦と横の道の交差が都人の生活に欠かせない存在となり、現在でも京都の都市としての機能を強めていると言っていい。

そのひとつ、ここ出雲路橋《いづもじばし》は大きな橋ではないが、いかにも昔からの道筋といった風情が漂う。この橋の畔の賀茂堤は私の好きな場所だ。西岸に立ってまっすぐ東に見える比叡《ひえい》の山稜を見ると、京都にいるという幸福に浸れるからだ。

夕刻になった。

陽が傾き、辺りに薄闇が迫ってきた。東山を見やると、比叡はまだ明るみを残しているが、日中の熱気が急速に冷めて、心地よく身体に川のせせらぎと虫の音が降り注いできた。それとともに、私の耳にはモーツァルトの「クラリネット協奏曲イ長調」の第2楽章アダージョが響いてきた。

そもそもクラリネットの音色は人間の声音に似ていて、何かしら胸に沁みいってくる。それはとても切ない音色であり、言わば黄昏の音色だ。だから私はクラリネットというと夕方の寂しさを連想するのだ。

こうした特色をそのまま活かした曲として、プーランクの「クラリネット・ソナタ」の第2楽章は最たる例だ。この曲の暗く沈んでセンチメンタルな情感には涙が滲んだことが何回もあった。

この楽器の名曲と言えば、ブラームスの「クラリネット五重奏曲」や2曲の「クラリネット・ソナタ」があるが、全曲どこを取っても寂寥感に満ち、やるせなささえ感じる。ところが、これらの音楽は聴いていて憂鬱で厭な気分になるのかと言うとそうではない。プーランクもブラームスも聴き進むにつれ私の心は穏やかに、そして澄みきっていくようだ。クラリネットの音色というのは暗くても濁りがなくて、親しい人との語らいのように心が癒されるのだ。

さて、モーツァルトの「クラリネット協奏曲」にはそれにも増しての深い陰翳がある。彼の作品について、泣きながら微笑み、笑いながら心で泣いていると言われるが、まさにこの第2楽章は秋の透き通った空気の中を歩く風情であり、じつは奥底に真実の悲しみが隠れている。それが私を捉えて離さない理由だ。

ことに第2テーマの終結部の下降音形で、各楽器が織り成す七色の光彩の変化はこの世の儚さを象徴している。本当に賀茂川夕暮れに相応しい。

それを思い出しながら夕方の川辺に佇むと、私は何で生まれてきたのだろう、人間にとって死とはどういうことなのだろう、と考えとしまう。

「ひょっとして、今、こうして生きている、と思っているのはすべて夢の中の出来事なのではないか」と考えることがよくある。あるいはその夢が何時かは醒めるのではないか、目が覚めたらどんなことになっているのだという恐怖と不安に駆られることもある。

今この疑問に明確に答えをだすのは難しいが、私なりのひとつのけじめをつけることにはしている。それは、「人間の死の先にあるのはまったくの無である」ということだ。脳にカーテンが降ろされ、すべてが闇に閉ざされた時、人間はすべて終わるのだ。あとは何一つない。それでいいのだと思う。また、残された人たちが、例えば死んだ私を思い出して何かを語ってくれたとしても、私にとってそれは預かり知らぬ事にすぎない。

こう考えると気はずっと楽になるだろう。

最近、仏教の「唯識論《ゆいしき》」を知り、その考えに共感することが多い。唯識は宗教と言うよりはむしろ哲学であって、考えれば考えるほど深いが、私の身近にある哲理だと思った。その基本は「世の中の現実すべては自身の心に存在し、その心そのものも幻にすぎない」ということだ。また自身の心に映じるものは自身の意識から発していて、分類される最も深層の意識—阿頼耶識《あらやしき》に根差すのだという。

けれどこれらは私の生きていく根本の問題で、考えなければならないことがあまりに多く結論に辿り着けない。今は未だ気楽には書けないし語ることができない。もう少し私の中で論理を窮め、説明できるまで温めておきたいと思う。

ただ心の問題故に感覚的には音楽と非常に共鳴する。とくにクラシック音楽はそうだ。だから私は音楽を拠り所にして、これからも人生と死に向き合いたい。

＊モーツァルト／クラリネット協奏曲イ長調K６２２
デイヴィッド・シフリン（バセット・クラリネット）、ジェラルド・シュウォーツ（指　揮）モーストリー・モーツァルト管弦楽団

＊ブラームス／クラリネット五重奏曲ロ短調作品１１５

26

ウィーン室内合奏団

＊プーランク／クラリネット・ソナタ

ミシェル・ポルタル（cl）、パスカル・ロジェ（p）

鴨川・飛び石

出雲路橋の夕景

二、大原にて

初めて独りで京都を訪れた時、真っ先に向かったのが大原だった。

添乗員のアルバイトで何回もここを訪れてはいたが、団体旅行のお供でもあり、拝観の手配や清算など用事に追われ、落ち着いて風物を鑑賞するゆとりはなかった。とくに三千院では、往生極楽院《おうじょうごくらくいん》の阿弥陀三尊をお堂いっぱいに詰め込まれた中学生越しにちらっとしか拝むことが出来なかったことがいつも心残りだったから、人の少ない早春に行って、じっくり腰を落ち着けてみたかったのだ。

市内に比べてこの山里の春は遅い。

三千院に向かう坂道の脇にはうっすら昨夜の雪が残って、芽吹いたばかりの木々や山草も今日は少し身を縮めているようだ。

路端の店々からは温かい湯気が立ち、出汁のいい匂いや柚子味噌の香りが私の鼻をくすぐるので、思わず足を止めた。

午後の柔らかな日差しが差し込むガラス障子の中は小体だが座敷になっていて、堀炬燵が切ってある。店の表に立って寒そうに頬を赤くしていた娘さんの
「どうぞ、おいでやす」

という京ことばの響きに誘われるように敷居を跨いだ。花色の炬燵布団の中で足を伸はし、その温もりにほっとしながら両手で甘酒の湯飲みを包み込んでひと口啜りこんだ。糀で作った甘酒の甘味が喉を通り胃に沁み渡り、あと少しの急坂も元気よく登れるように思えてきた。

お代を払い表に出ると、大原女の格好をした娘さんは丁寧にお辞儀をしながら
「おおきに、気ぃつけて行ってらっしゃい」

と、小さな声音で私を送り出した。

三千院前の桜並木も今日は人影がほとんどない。段々を上がって三千院の門を潜り、冷え冷えとした回廊を巡り、一面苔むした庭に出て、往生極楽院に向かう。このお堂は

三千院の中で最も古く、靴を脱ぎ板敷の階段を何段か昇ると、薄暗がりにお堂の大きさに不釣り合いなくらい巨大な三体の仏像が眼に入ってきた。

眼が慣れてきて、蝋燭の明かりに照らし出された金色《こんじき》の仏像を見ると、これはもう圧倒的な存在感に気圧されてしまう。

誰もいない仏様の前に座り込み、私は三尊の仏像に見入った。最初は居丈高に思えた仏様の肩の辺りの造型が、次にお顔が優しく私に語りかけてきたように感じられてきた。

何分ぐらいそうして見詰めていただろうか、背後に声が聞こえ、何人か拝観の人たちが上がって来たらしい。私は仏さまたちと心が通じ合った気持ちになり、堂内から立ち去った。振り返りながら、ここにはこれからも幾度となく来て、また御仏とお会いしたい、お話ししたいと心に決めたのだった。


山を下りながら思わず口ずさんでいたメロディーがあった。それはR・シュトラウスの歌曲「万霊節《ばんれいせつ》」と「明日の朝こそは！」だった。

普段、合唱や声楽を仕事にしているから、レコードを聴くときは器楽曲が圧倒的に多く、風景の中に浮かんでくる曲も器楽、管弦楽ということになるのだが、シュトラウスの歌曲だけは特別だ。歌詞も諳んじているし、口ずさむことがある。学生時代、親しくご指導いただいた福永陽一郎先生や畑中良輔先生は、揃って「シュトラウスの交響詩が全部滅んでも歌曲は無くならないだろう」と言われたが、私も今、同じ気持ちでいる。

R・シュトラウスという作曲家について、その俗人ぶりがとやかく言われるが、作曲家の人格云々と作品は無関係というのが私の持論だ。かのモーツァルトの例を見れば明らかなように、作曲家が生きていた時代はともかく、後世の私たちは作品そのものを味わえばそれでいい。シュトラウスにしても多くの交響詩や交響曲などはオーケストラのためのショウ・ピースだと思うけれど、歌曲のうちの何曲かは人の心の真実を衝き、彼独自の精緻な書法によって素晴らしい高みまで到達していると思う。私が大好きな「万霊節」「明日こそは！」の2曲がまさにそうだ。

私の聴き方が器楽志向のためだろうか、詩の中身よりは曲を支配する雰囲気やリズム、旋律、和声が醸し出す造型にまず魅かれ、そして何が歌われているかに入っていく。

優れた声楽作品というのは、詩の内容を音楽が言い尽くしていると考えられないだろうか。歌曲や合唱曲の演奏に当たって、詩の解釈云々などというのは的外れなことだと思う。

さて、「万霊節」も「明日こそは」の両曲とも「愛」を歌った内容をもつ。片や死者への愛、片や現生の愛を高らかに叫んでいる。

「万霊節」（詩ヘルマン・フォン・ギルム）

匂いたかい木犀草を机の上に飾りましょう。名残りの紅いひな菊をもっていらっしゃい。そして私たちはまた愛を語りましょう。（中略）一年のうちのたった一度の日。今日はなき人の魂の放たれる日ではありませんか。おお私の胸にふたたび帰ってきてください。かつての5月の日のように。

「明日こそは！」（詩ヘンリー・マッケイ）

明日こそは陽は輝き、私の行く途上、陽を呼吸する大地のなかで、2人をひとつに結ぶであろう。波青き岸辺におり、言葉もなくて、眼をみかわすとき、幸福のひそやかな沈黙がおりてくるのだ。（歌詞大意・畑中良輔）（出典・作曲家別名曲解説ライブラリー）

「万霊節」は歌もピアノもこれ以上ないくらい官能の極みだが、しかしその相手はもうこの世にはいない。その絶望と諦念が織り交ざった深淵が表現される。「明日こそは！」の幸福感も浄化され、結晶化された愛が全篇に満ちている。ここでは前奏と後奏のピアノが歌を歌い、声がひたすら語っていくが、ピアノには香り豊かな色彩が与えられているのに歌は水墨画のごとき淡彩を貫く。

このような愛の讃歌が何故三千院のみ仏たちと対面した時に浮かんできたのか、今となってはわからない。ただ、シュトラウスが描いた「地上での愛」に籠めた音の世界が、み仏たちから得たあの時の満ち足りた私の心と見事に交感したのだろう。

これらのシュトラウス歌曲はD・F＝ディースカウの名唱でまず聴きたい。シューベルトやシューマンなどよりヴォルフに適性を感じさせる彼の芸術のもうひとつの高峰だと思う。若い時の全集盤の瑞々しく艶やかで、さらに背景の奥行きがある。理知的で官能に乏しい歌唱などというレッテルは全て的外れだ。

＊R・シュトラウス「万霊節」作品10—8、「明日こそは！」作品27—4

ディートリッヒ・フィッシャー＝ディースカウ（Br）、ジェラルド・ムーア（p）

今度はバス停から左に道を取り、寂光院方面に向かう。

ここはかなり距離がある田舎道で、その頃は今と違って食事処や茶店などほとんどなく、まさに日本の鄙びた田舎そのもののようだった。

ぽつぽつ咲き始めた菜の花畠の向こうにある丸い形の山が近づいてくると、冷たい風が吹いてきて、少し身を竦ませる。だが陽の光は万遍なく山も畠も包み込んでいた。森閑とした三千院側に比して何と広々とした風景だろうと思った。

この風景とともに頭に浮かんだのはブラームスのピアノ協奏曲第2番だった。この曲の第1楽章の冒頭、アルペン・ホルンのようにホルン・ソロが山々にこだまして響くところはまさに牧歌的で、それを受けてピアノ独奏のアルペッジョ風の合いの手が応えていく。普段は一癖あるブラームスにしては空間の広がりがあって屈託のない楽想、それが早春の大原盆地を見渡したこの俯瞰によく似合うのだ。

さらにこの応答が音域を変えて二度繰り返されたあと、木管、続いて弦楽器が優美に引き受け、今度は激情的なピアノに移るあたり、如何にもブラームスらしい影の多い音楽だ。

しかし、この複雑で多面的な表情が、今大原の里を包んでいる季節の替り目に見事に呼応していた。作曲したブラームスの脳裏にはアルプスの屹立した山容が浮かんだのかもしれない。だが私にはこの大原の、訪れた人を優しく包み込むなだらかな山々、ここに住まう里人の手が十分に入った田や畑の温かい風景がぴったりに思われたのだ。

この曲は、コンチェルトと言いながら重厚な作風はまるでピアノ独奏つき交響曲と言っていいほどだ。だが、曲全体の重厚長大さとは裏腹に、ブラームスが垣間見せる朗らかでヒューマンな茶目っ気も確かにあって、たとえばフィナーレの弾むリズムと陽気な旋律、それに冒頭の牧歌的雰囲気がそれだ。けっして開けっぴろげに解放されてはいないけれど、聴き手の心の扉からすーっと入ってきて、終生忘れえない浸透力があると思う。私にとって何回聞いてもこの曲の魅力はここにあって、それが、何時来ても私を包む大原の里の人懐かしい空気に重なるのだ。この曲はバックハウス（p）、ベーム（指揮）、ウィーン・フィルが何と言っても定番とされているが、私はリヒテルのピアノ、マゼールとパリ管の豊麗なサウンドにどうしても惹かれてしまう。ブラームスらしくないかもしれないけれど、パリ管の肌理は粗いが明快で軽い響きが水彩画のようなタッチだ。それにリヒテルのしなやかで瑞々しい響きが素晴らしい。

＊ブラームス／ピアノ協奏曲第2番変ロ長調作品83
スヴィヤトスラフ・リヒテル（P）、ロリン・マゼール（指揮）パリ管弦楽団

京都駅

三、京都、夏の旅

ローカル線と観光バス

京都の市街を離れて、行ったことのない山里を訪ねてみたいと思った。鞍馬や貴船、それに清滝、八瀬など街からほんの少し離れただけで、まるで雰囲気が変わり、あの油照りの真夏の最中でも、木立や川辺ではすーっと汗がひいていった経験がある。それなら日本海側へ出る道々はどうだろう、きっと東京や関東近辺の山とは違う、関西の里山の鄙びた風景に出会えるのではないだろうか。そんな気がして、まずは車窓から景色を見るのが手早いと、京都の最北部、まだ見たことが無かった天橋立に夏の暑い日に出かけた。

この時は山陰線にたっぷり乗ることと、鉄道好きにとっては垂涎の北近畿タンゴ鉄道・由良川橋梁を通ることとを優先したので、天橋立探訪も事のついでになってしまった。本当は丹後半島まで足を伸ばして、伊根とか経ケ岬、間人など魅力的な名前の土地も見てみたかったが、一日でそんな廻りきれるものではない。

それでも、沿線の家屋の造りや田畑や山の姿、渓谷、樹木の植生など、やはり普段見る風景と何から何まで違っている。私にはそのどれもが少しもとげとげしさがなく婉曲なものに映った。これはこの地方独特の雰囲気なのだろうけれど、じつに面白いことだ。今までにも、たとえば北海道に行けば赤いトタン屋根や垂直に伸びる針葉樹の林、大規模な畑地が目に付くし、東北では稲架の掛け方がずいぶん違っている。あるいは、谷川の切れ込み具合はその土地の成り立ちによって全く異なっている。こういうことを車窓から眺められるのが汽車旅、鉄道旅の醍醐味なのだ。

さて山陰線から北近畿タンゴ鉄道に乗り換えると、旅情は一層深くなった。たまたま乗り合わせたのが観光用の車両で車内の内装などかなり凝った造りだったが、私にはこうした設えは残念ながら無用だ。たとえば木材を多く使うのはいいが車内に壁を立てたり余計なオブジェを置くのは邪魔だ。広い窓は有り難いけれど座席は窓に向いている必要はない。通勤車のようなロングシートは味気ないから昔の急行形のクロスシートくらいで十分だと思う。また、変に車内の照明を落とすようなことは止めて欲しいものだ。私が乗った車両は室内が明るくてよかったが、座席が木製なので硬く痛かった。

それはさておき、景色は最高だ。やはり列車が長い橋の上をゆっくりゆっくり進んでいく由良川の河口は素晴らしい。欄干のない単線の鉄橋というのは本当に珍しくて、じつに雄大だ。しかしどことなく長閑な雰囲気がある。日本を離れて遠いアジアの国を旅しているような気がした。

天橋立は駅のすぐ裏からロープウェイで登り、頂上の遊園地で眺めた。晴れ晴れとした気分にはなったがそれだけのことだ。出来ることなら松林に囲まれたあの海の中の細い道を渡っていきたいし、訊けば有名な文殊菩薩の寺もあるそうだが、暑いので止めた。

帰りは別なルートで京都まで帰ったが、途中「大江」という駅があって面白く感じた。昔話の鬼退治とか百人一首で御馴染みの地名で、さすがにここは都に近い場所なのだと納得した。

ある日、京都を紹介する雑誌を眺めていると、京都府の山間部に美山というところがあり、飛騨や富山と同じような合掌造りの民家が立ち並んでいると書いてあり、如何にも人里離れた風情と山々に囲まれた民家群の写真が添えられていた。

美山というと、以前ＴＶのニュースで見た風景を思い出す。それは集落挙げての防火訓練の様子だったが、茅葺の屋根に向かって、道に設置された水栓につないだ太いホースで人々が一斉に放水するというものだった。この風景にとても心惹かれたのはほかでもない。水煙に浮かび上がって見えた合掌造りの民家の幻想的な姿で、思わず見とれたのだ。だから雑誌のこの記事に自然と目が留まったのだと思う。

しばらくして、時々覗いてみる「京都定期観光バス」のウェブサイトで気になる記載を見つけた。今まで気づかなかったから新しく企画されたのだろう。そこには「美山《みやま》かやぶきの里コース」と記された観光コースが載っていた。

詳しく見てみると、夏から初秋にかけての週末だけ、朝、京都を出発して美山の料理旅館で昼食を摂った後、「美山北地区」で、あの写真の通りの茅葺の民家や辺りの散策をし、最後に途中の道の駅を訪れ、帰途につくというものだった。これは見れば見るほど、私が望んでいた行程だと思った。

京都の定期観光バスに乗るのは、というより観光バスを利用すること自体本当に久しぶりだった。いつも旅は自由に行きたい主義だが、乗り換えの煩雑さや待ち時間のことを考えれば、今回のツァーはいかにも価値が高いように思えたし、プレミアム・シートという、募集人数の少ないコースなのでゆったり行けそうだった。

早朝からの強い日差しと、降るように響く東京では聞き慣れない「シャワシャワ」という熊蝉の声の中を、私は三条のバスターミナルから美山への小旅行に出発した。市街から桂を抜け、高速道で亀岡、園部などの町々を遠望していると、旅に出た時特有の浮き浮きした気分になるのが我ながら嬉しい。

一般道に入り徐々に道が曲がりくねり狭くなった。川に沿うように走っていく。聞けばこれが由良川だという。はて、この間見たあの広大な河口がこの川のフィナーレとして待っているのだと思うと、何とも人智の及ばない自然の為せる業の大きさに感慨しきり、さらに楽しくなってきた。

バスの旅は快適だ。今日のバスは大型で、しかも特選コースというので座席も1人で2人掛けを占領している。列車とはまた違う心地よい揺れに身を委ねていたら気持ちに相応しい爽やかな曲が頭に浮かんできだ。それはバッハの「トッカータとフーガヘ長調ＢＶＷ５４０」。これはオルガンの曲だ。

バッハのオルガン曲なんて重苦しくて、一体どこが爽やかなのだ、と言われそうだが、バッハにも、またオルガン作品も色々あって、「プリンツィパル系」という耳を圧する重厚な音色と「フルート系」と呼ばれる柔らかで清冽な音色ではまったく違う。こういうストップ（音栓）の選択がオルガン音楽の妙味なのだ。このヘ長調のトッカータとフーガも曲中に様々な音色が出てくるが。ヘ長調と言う平明な調性、躍動する旋律が若々しい印象を与える。若きバッハの意気軒昂ぶりが伝わってくる名曲だと思う。

私がバッハのオルガン曲に親しむようになったのは高校生の時、学校の礼拝堂のパイプオルガンを弾かせてもらって以来のことで、一度あの音響を体験すれば誰でもその魅力の虜になってしまうだろう。残念ながらペダル鍵盤の技術が習得できなかったことと、ピアノのように出した音が自然に減衰してくれないために運指が難しくて挫折したが、聴くのは今も大好きだ。心が弾み、愉しくなること請け合いのこの曲が京北の田舎を走っていく私の脳裏に浮かぶのはとても自然なことだったのだ。

＊J・S・バッハ／トッカータとフーガへ長調BWV540
カール・リヒター（org）

美山〜澄みわたる空と滴《したた》る翠《みどり》

狭い路を漸う上って集落の中の料理旅館T楼に着いた。近くに川水の音が聞こえるだけの静かな宿だ。

ここで鮎の塩焼や蕎麦など土地の味を戴く。鮎は小ぶりだが身が締まり、渓流の苔の香りがして実に美味しい。水がいいのだろうか、豆腐も豆の香りが引き立っている。豪華に調えられたご馳走ではないのかもしれないが、素材の味がする料理に満足した。

「鄙にも稀」と言っては怒られそうな立派で小奇麗な建物の座敷から辺りを見回せば、小高い山並みから麓まで広告の看板などの夾雑物が何一つない、昔話の挿絵のような風景だ。まさに遠くに来たと感じた。

ここからまた少しバスに揺られて北地区に着いた。

緑の新芽が出始めたばかりの蕎麦畑が広がる手前から、碧い空の下に聳える緑濃い山に向かう斜面に、整然と合掌造りの家々の茅葺屋根が重なって見える。ところどころに立つこんもりとした大木の黒い枝朶とお寺の塔の鈍く光る瓦、それに軒の深いこの屋根が視界一杯に広がった。

よくデジャヴュ（既視感）とか言われるけれど、まさに今、私はずっと昔からこの風景を知っていた気がしてならない。夏の日差しの中で幻想を見ているようにさえ思った。

バスを停めた場所すら国道を隔てて見えるこの風景が歩いて行くに従って近づいてきた。

ここで不思議なことに気がついた。テーマパークでなく人の居住する集落で、つまり現代の暮らしがあるのだから当然のことに電線や電柱、防火用水の消火栓も存在し、確かに私にも見えているのに、昔に戻ったようなこの風景の中ではそれが景色に溶け込んでしまってまったく気にならないのだ。それは博物館の展示物とは違って、この建物や道路、森や林すらも集落に暮らす人々の生活の匂いがしているからなのではなかろうか。すなわちこれは生きて暮らしを支えている景色なのだ。

集落の中の道が山に架かると、両側に立つ合掌造りの家の軒先がそれに連れてこちらに向かって覆いかぶさるような気がした。坂が相当急な登りになったのだ。

地面がゆらゆら見えるほど日差しが強いけれど、家々の軒先は深くて、明るい陽光から家の建物にすっと身を寄せただけでひんやり涼しい。坂道で光と影は強烈なコントラストをなしている。

合掌造りの家のほとんどは現在も住居として使われているというが、一軒、資料館として中を公開している建物があった。壁に農具や生活用具などを展示していて、囲炉裏が切られた座敷に座って上を見上げると黒々と天井が高く、太い梁が立派だ。それに戸口を入っただけで外気と隔絶されているのか、茅葺屋根のため か涼しい、というより寒いくらいだ。暑い夏もこれで容易に暮らせる。また冬は温まった空気を逃さないのだろう。

集落の天辺にある林まで行くと、村人が杉の木の枝打ちをしていた。木から木に、それは器用に不要な枝を裁いていく。よく森は人が作る、というが、伸び放題にした木々は陽が射さず下草が生えないので土壌が悪くなってしまうという。この里を潤している山からの清水の流れも、こうして人の手によって守られている森林からの贈り物なのだ。

家も同じなのだ。さきほどの公開している家屋でも案内のボランティアのガイドに訊くと、人の住まなくなった家はすぐに駄目になってしまうという。夏でも冬でも、囲炉裏に火を絶やしてはいけない、煮炊きする煙が天井の竹に煤をいい具合に着けるのだそうだ。人が住み暮らすことで家の建物に空気の循環が起きて長持ちするのかもしれない。

ここでは時間の流れがゆったりとしている。私の歩く速度もとてもゆっくりになってきた。

だがこの速さは人間の呼吸に合っているらしい。貧血気味の私も楽に息ができるからいい。それに、歩いていると時々雲が日差しを遮って、涼しい風が心地よく吹いてくる。こんな美山の空気に身を委ねているうちに身体にひとつのリズムが湧いてきたのがわかった。このリズムは何だったかな、と考えているうちに思いついた。今身体に流れている、附点と三連符の連続する独特の足取りはブルックナーの《交響曲第6番》の第1楽章冒頭で弦楽器が刻むリズムだった。

何かとても素晴らしいことが始まる予兆のような期待に満ちたこのリズム・パターンは、ブルックナーの交響曲の開始に多い「原始霧」と名付けられた朦朧体ではなく極めてくっきりとした明快なタッチだ。私たちをわくわくさせてくれるこのリズムに乗ってテーマが堂々と低弦で歌われると、聴いている私は全身ぞくぞくしてくる。

《第5》《第7》《第8》《第9》という錚々たるブルックナー創作の高峰に挟まれて演奏機会も少ないが隠れた名曲と言っていい。私の愛聴曲であり家ではことあるごとに聴く。とくに第1楽章と第二楽章「アダージョ」がお気に入りだが、最近いい録音が出て、スケルツォもフィナーレも大好きになったところだ。

《5番》は、それまでにブルックナーが体得してきた交響曲作法の集大成と言える作品なので、やや堅苦しい。聴いていると野山、自然の中に突如大聖堂が出現したかのような驚きがあり、最後までその衝撃が拭えないまま終ってしまう。またそれがこの作曲家の個性で、慣れてくると堪らない魅力なのだが、《6番》《7番》からは様々な楽想の並びがスムーズになってくる。聖と俗の合一に向かっているという印象さえ受ける。《8番》はそれが高度に完成された傑作中の傑作と言っていい。

それに《6番》は、《5番》までの彼の論理性を残しつつ、彼自身の魂を探り当てた自信が顕現し、彼自身の言葉で神への愛、自然への信仰が語られるようになったのだと思う。この曲の良さはまず全曲を流れる人生肯定的な明るさであり、それでいて時折見せる陰翳の濃さは神が私たちを諭す箴言でもあって、その振幅の大きさはまさに人智を超えた自然を思わせる。

振り返れば、私がこの美山の里で身体中に感じたのは、混じりけのない自然の息吹と、どこまでも青く清浄な空、心に沁みわたる山の滴る翠、里を潤す清冽な流れ、そしておそらく日々移ろう季節の中、佳き日もそうでない時もあるがままに生きていく里人の暮らしの悠久の律動（リズム）だった。この土地の空気には、純真無垢なブルックナーの音楽、わけても《第6》がよく似合う。

第1楽章の明快な曲調に続くアダージョはこの曲の核心だ。3つの性格を異にしたテーマ、そのどれもが美しく、思わず口を衝いて出てくるほどだが、美山のかやぶきの里から坂をぽくぽく降りながら頭に浮かんだのは第3主題だった。

このゆっくりした歩みに似た主題は、あと2つの主題と違い短調で書かれ、深淵を覗きこむような深遠な雰囲気をもつ独特の音楽だ。それなのに眼の前に広がる夕暮れ少し前の明るみを帯びた空の色は私にこの旋律を口ずませた。知らないうちに秋がそこまで来た。私が美山の夕空に感じたのは、微かな季節の変化であり、膚に焼きついた夏への挽歌だったのかも知れない。

CDを2点挙げておく。ギュンター・ヴァントのキリッと引き締まったブルックナーが現在ベスト。《8番》などでは立派だが少し窮屈に感じる時があるけれどもこの《6番》ではまことに快調で、次々現出する風景の清々しいこと類を見ない。もうひとつのP・ヤルヴィ盤は新しくて、しかもブルックナーの論理を踏まえている。スケルツォとフィナーレの愉しさを私はこの演奏で知った。

＊ブルックナー／交響曲第6番イ長調
ギュンター・ヴァント（指揮）ミュンヘン・フィルハーモニー管弦楽団
パーヴォ・ヤルヴィ（指揮）フランクフルト放送交響楽団

四、祇園祭《ぎおんまつり》

祇園祭《ぎおんまつり》に初めて出かけた。

長いこと京都に旅しているのに、祇園祭には縁がなかった。ちょうど鉾立てから宵山《よいやま》、山鉾巡行《やまほこじゅんこう》の日程が東京のお盆と重なっていて、それで出掛けることが出来なかったからだ。ご先祖様や亡き父母を放りっぱなしにして他所様のお祭りに興じるのは流石に罰当たりだろうと思った。それに、今まで他所様のお祭りに出かけて面白かった験しがないので、無理にこの時期に京都に行く気にならなかったのだ。

元来お祭りは住んでいる場所のが一番いいに決まっている。私は生まれついて以来、ずっと産土神である氷川神社のご神域に住み続けているから、当然毎年9月に斎行される例大祭が最高と信じていたし、今でもそれは変わらない。厳しい夏が終わって、ひと息ついた時季のお祭りは心身の清涼剤として最高に楽しみだった。

氷川神社の祭礼は、東京の秋祭りに共通の神輿と太鼓を乗せた山車が町内を回り、宮入りする一般的な祭礼行事だが、中心となるお神酒所の人たちが普段買い物に行く商店のおじさんだったり、甲斐甲斐しくお菓子や料理を出してくれるのが近所のおばさんだったり、自分と距離の近いコミュニティ内で行われる。だから住人にとってはお祭りへの参加意識が高い。

しかし考えてみればどこのお祭りもその点では同様で、運営する側、参加する側も「自分たちのお祭り」という意識が強いのは当然、逆に、こうした意識が強いほどお祭りは盛り上がるのだろう。

過去に私も東京の大きな祭り、たとえば浅草の三社祭、神田祭り、深川祭り、佃祭りなどに行ったことがある。だが、どこの祭りも楽しめなかった。確かに立派な神輿が何基も出て見応えがあるのだが、担ぎ手が興に乗って陶酔するのを見て私は逆に醒めてしまう。祭りが盛り上がれば盛り上がるほど疎外感が増し、無聊を託つことになった。他所様のお祭りはつまらないとずっと思っていた。

だから、今までは京都に行く旅程もお祭りの日を極力避けてきた。葵祭も時代祭も見たことがない。それなのに何故今年、祇園祭に出かけることにしたのだろうか。

　これがまったく不思議だが、「つい、その気になった」だけのことだった。問われれば、「偶々カレンダーの廻りあわせが良かったので」などと言うものの、それは理由ではなく、京都市の観光Ｗｅｂページを見ていたらふっとその気になっただけの理由だ。定期観光バスに観覧席つきでゆっくり１７日の巡行が観られるコースがあったのも、それを後押しした。まあ一遍くらい見てみるか、こんな軽い気持ちだった。

　いつものように１６日に盆の送りを済ませば１７日には出掛けられる、というのが最初の予定だったが、行く日が近づくにつれ、どうしても前日の宵山も観てみたいという欲望が起きてきてきた。それに早朝の新幹線に乗るのが最近は辛くて、また暑い中、着いてすぐバスで一日強行軍に晒されるという行程に体力が追いつかないのではないか、という心配も出てきた。それで１７日と同じホテルを何とか押さえ、準備が整った。


　さて2日間とはいえ、せっかく祇園祭を観るのなら、よく理解した上で観ておきたい。あちこちの資料に当たって私なりイメージを作っておく作業が始まった。尤もこれは愉しい仕事だ。祇園祭の歴史、行事の数々、宵山と巡行で観られる山と鉾がどこの町内に飾られているか、そもそも山鉾とは何かなど調べ、ひとつひとつ納得する毎日だった。

それでわかったのは、祇園祭が八坂神社（古くは祇園社）の御霊会で、疫病退散を祈る祭りであり、ほぽ1100年前にその起源をもつこと。7月1日の「吉符入」に始まって31日の「疫神社夏越祭」まで、一か月を要する長い祭りということ。山鉾巡行は八坂神社の神輿渡御の前に路を清める意味があることなどだった。

宵山《よいやま》そぞろ歩き

16日の午後遅く京都駅に降り立った私は、早速ホテルで着替えて身軽になった。ホテルがある二条城前でバスに乗り、四条堀川で降りて宵山を見て歩く。

ここから烏丸通りまでの左右がいわゆる鉾町で、前祭（さきまつり）23基、後祭（あとまつり）10基の山と鉾が立つ会所が各町内に点在する。

現在は鉄筋建築の建物も目立つこの界隈だが、四条通から小路に折れるとまだ其処此処に古風な京町家が立ち並んでいる。夕闇が迫ったせいか、軒先に出された祭提灯の明るさに背後の虫籠窓が黒ずんで見えるのも京の風情だ。

じっとりとした特有の蒸し暑さの中で目を引くのは様々な色合いの浴衣を着た人達で、女性も男声も子供もいる。ことに赤い提灯を二つ掲げた会所で、童歌を歌ったり、大きな声で厄除け粽やお札を懸命に売る少女たちは一際美しく提灯の淡い光に映えて、情緒満点だ。

鉾や山の前にたくさんの駒形提灯を山の形に立てた会所は、その多くが京町家の造りを残した家屋で、山と鉾を飾る織物などを中に展示する。また、会所とは別に、由緒ある商家などが「屏風《びょうぶ》祭り」といって各家に伝わる美術品や調度品を通る人に見せる習慣がある。

こうしてぶらぶら歩くのに、縦横がはっきりしている京都の道筋は都合が良い。東西（横）と南北（縦）に名前が付いていているから、現在位置がすぐ分かるから迷子にならないし、角々を廻っていくと元の場所に戻れるのもいい。

通りの名前は何やら由緒ありそうで、歩いて趣が深い。姉小路《あねやこうじ》、三条、六角、蛸薬師《たこやくし》、錦小路、四条、綾小路、仏光寺、高辻、松原…という横。烏丸、室町、新町、西洞院《にしのとういん》、小川、油小路…の縦。この名前の通りに囲まれた中に山鉾町が収まっているのだから全部歩いてもそれほど疲れない。

ところが見物の人出がすごいことになってきた。時刻も7時を回り、堀川側から烏丸側に向かうにつれて動きがとれなくなってしまった。

そこで大きな鉾は諦めて、中心街から遠い会所の「油天神山」「太子山」「木賊《とくさ》山」「蘆刈《あしかり》山」「伯牙《はくが》山」を観て回ることにした。

「油天神山」は、油小路を綾小路から少し下がった辺りにあって、落ち着いた街並みに囲まれている。向うに見える灯の入った駒形提灯は、夜空にぼうっと浮かんでそこだけが明るい。

近づくにつれて、粽やお札を売る声が大きくなって、露店の屋台のかき氷を削る涼しげな音、子供たちの歓声が響く。町内にあった菅原道真像をご神体にしたというが、この像は寛永年間1630年の作というからそれだけでも歴史の古さは間違いないが、こうした文化財が現在まで埋もれていたのでなく、ほぼ毎年の祭りに出されて、人々の信仰を集めたこと自体大変なことだったと思う。

「油天神山」に限ったことではない。それぞれの山や鉾には懸装品が幾枚も掛かるが、それらはペルシャ、ヨーロッパから伝来、中には世界中ここにしか現存していない貴重な織物もあるというから驚きだ。「動く美術館」「動く重要文化財」と呼ばれるのも頷ける。さらに毎年繰り返し使われ続けたということが重要なのだ。江戸期の大商人を中心とした町衆《ちょうしゅう》が大名、公家と肩を並べる実力を備えた結果、この祭りが継続されてきたのだ。

このように文化財的な器物と伝統的な行事が、博物館の展示でなく生きた祭りとして我々の眼に触れることに私は感嘆しないわけにはいかなかった。

それと、こういう設えや祭礼行事が自分たちのための浄めの場であり喜びである以上に、祭りに訪れた他国の者に対するお披露目としての要素を盛り込んだのだと思う。即ち昔の京都人たちは、観光客を丁重にもてなしたのだ。楽しむ祭りと見せる祭りという二つの面を祇園祭は見せ持っているのだ。だからこそ私が訪れても疎外感を感じなかったのだ。

そして祇園祭という美しい風物に一層の彩りを添えているのが祇園囃子の雅な音色だ。私がこの祭りに深い興味を抱く大きな要因はこの囃子の複雑色彩をもつ調子の魅力によっている。

祇園囃子《ぎおんばやし》の闇

祇園祭を彩る音の主役が祇園囃子だ。

山や鉾によってお囃子がどう違うのか、初心者の私には分からないけれど、速度や強弱、あるいはニュアンスの異なるいくつかのタイプがあることは聴き分けられた。

お囃子の楽器は3種類、鉦と笛、それに太鼓だ。鉦は青銅合金製の直系20センチ、幅6センチ、笛は7つ穴の能管、太鼓は直径26センチの締太鼓（いずれも函谷鉾の資料による）で、旋律を奏する笛が篠笛ではなく能管というのが江戸の祭り囃子とは違うし、奏法もまったく違う。

俗に「コンチキチン」と言われる祇園囃子の音色の特徴は鉦の打ち方にある。江戸のような小さい鉦を短く連打つことはなく、比較的大きい鉦の凹面の底と上面を使い分け、たっぷりとした余韻をもつ音を出す。この鉦と豊かで多様な音色をもつ能管が醸す優雅な雰囲気を固有のリズムで律していくのが太鼓の役割で、速度はこの太鼓が決めるという。

ところが、宵山の雑踏と夜空に映える駒形提灯、そこに響いてくる祇園囃子は優雅で一見華やかだが、一歩表通りから身を退いて暗い路地で聴くその音色は、私には穏やかというより寂しく打ち沈み、死と真正面から向き合った者のみが理解できる鎮魂の響きがするように感じてならなかった。

何故、この華やかな喜びの空間の裏側にこんなに深い闇が広がっているのだろう。

おそらくそれは、この祭りが疫病退散の御霊会を起源とすることと関係があり、またそうした習わしを長く歴史に刻んできた都人たちの思いがここに昇華しているのではないだろうか。

多くの人々が敵味方に分かれた戦があり、それに飢饉や天災を含めれば数知れぬ人の死がこの祭りの下敷きであり通過点であった。

私はやや離れた街角で祇園囃子を遠くに聴きながらある音楽を頭に思い浮かべていた。それはバッハの《マタイ受難曲》第３９曲にあるアルトのアリア《神よ、憐れみたまえ》だった。

シチリアーノのリズムの上で独奏ヴァイオリンがロマンティックな旋律を終始奏でていくこの曲は、一度聴いたら忘れることが出来なくなる。私もそうだった。しかし私は《マタイ》のアリア中最高の一曲の「歌」に陶酔したのではなかった。歌そのものでなく、むしろこの曲の、打ちひしがれ、しかし前を向いて進もうとする透徹した悲愴感に打たれたのだった。

さらに言えば、すべての生ける者、死せる者を慰める鎮魂の響きをこの曲は有している。強靭な「罪」のドラマである《マタイ》における魂の発露であるこのアリアは、人間存在の底知れぬ業の深さを暗示する音楽に思えてならない。

祇園囃子の打ち沈んだ音色に、私はバッハのこの音楽がどうしても重なって聴こえた。人間存在の業と死者への追憶、そして鎮魂を思い合わせて嘆息しつつ漫ろ歩いた宵山の夜だった。

＊J・S・バッハ／マタイ受難曲第2部から「われを憐れみたまえ」
ヘルタ・テッパー（A）、カール・リヒター（指揮）ミュンヘン・バッハ管弦楽団

華麗なる粛然《しゅくぜん》～山鉾巡行

広い御池通に設えられた観覧席で、片手の団扇で暑さを避けながら山や鉾が通っていくのを見ている。観光行事化されたひとつのイベントに参加していると思えば、これも

なかなか楽しい。

祇園祭の「前祭り」、三十三基の山と鉾が私の前を通っていく。稚児を載せた一番・長刀鉾から、踊りを伴ったものやら、蟷螂を模した仕掛けで人々を沸すものなど意匠を凝らした数々の絢爛が夢のごとくに過ぎていく。

ただ、ああ凄いな、さすが都に連綿と続く祭りだなあ、と思いはしたが、何か腑に落ちない、実感として伝わってこないもどかしさが焦躁となって私をいらだたせた。

私は席を立ち、烏丸をこえて山鉾が左に折れる新町まで進んだ。丁度三番手の函谷鉾が新町通に差し掛かったところだった。沿道の人々から一斉に声が掛かる。すると鉾に付き添ってきた裃姿の役員とおぼしき男性が「おおきに」と応じ、そして破顔一笑した。

たぶんその笑顔には長い巡行も終わりが近づき、自分たちの町に戻ってこられたという安堵の気持ちが含まれていたに違いない。そして私の眼には、それまで観覧席で見てきた「よそいき」の彼らとは明らかに変化した普段着の京町衆の意気が感じられたその一瞬だったのだ。

私も新町を曲がって、姉小路の角で次々やって来る鉾や山を待った。するとどの鉾も山も最前見た時より生き生きとして見えるのだ。それは、大きな鉾がやっと通れる狭い道幅をゆらゆらと体を揺らしながら進む彼らへの親近感であり、顔見知りの沿道の人々との身近な交歓の温かさなのだった。

手が届きそうなほど間近を進んでいく鉾と山。傍で観ることで初めてわかる懸装品の見事な色彩、細緻な文様とその偉容は私を夢中にさせた。それにしずしず進む鉾から聴こえる祇園囃子。

それは昨夜、闇の中に聴いた鎮魂の響きとはまったく違う清涼で玲瓏な音色だった。鉾の進行につれてリズムと音律を変えながら、落ち着いた調子の行進曲のようにあたりに響く祇園囃子を聴きながら、私はその中にひとつの音の並びを感じ取っていた。それは階名でいう「ド」↓「ソ」↓「ラ」↓「ミ」という下降音型だ。そしてこの音型は際限なく繰り返され、上部の響きがいかように変化してもゲネラル・バス（通奏低音）のように常に私の耳に鳴り続けたのだ。

この音列を口に出して歌ってみて頂きたい。そうすれば何曲もこの音型に基いてできた曲に思い至るはずだ。まずはバロック期のパッヘルベルの《カノン》。その冒頭はこの音型に加え「ファ」「ド」「レ」「ソ」と続くことになり、バリエーションがこの上に広がっていくポピュラーな名曲だ。あるいは懐かしいフォークソング《翼をください》の「サビ」

の部分をこの音列に合わせて口ずさんでみてほしい。ぴったりコードが当てはまるのが分かるだろう。

だがこの音型から私が頭に描いたのは意外にもワーグナーの音楽だった。それは舞台神聖祝典劇とワーグナー自身が名付けた晩年の大作《パルジファル》第一幕の一節だ。

現代では《パルジファル》の抽象性から様々な解釈がなされ、登場人物をワーグナーのト書き通りに演出することはなくなったが、オリジナルに従って言うと、老聖杯騎士グルネマンツが若者パルジファルを連れて聖堂に赴き、騎士たちが聖餐を行うために入場してくる場面だ。ここで演奏されるのがこの音型が低音域で奏される場面転換のための行進曲なのだ。後に騎士たちの荘厳な合唱が歌われていく時も、この音型はいつも低音に流れ続け粛然たる響きを奏でる。そして、この響きが絢爛たる山鉾巡行、そして祇園囃子の歩調と重なって聴こえたのだった。

ゆらゆらと進みゆく鉾や山を見送りながら、私は《パルジファル》の行進曲を口に出して呟いていたのだった。

＊ワーグナー／舞台神聖祝典劇《パルジファル》ハンス・クナッパーツブッシュ（指揮）　バイロイト

祝祭管弦楽団、合唱団ほか

光悦寺垣

今宮神社参道

五、紫野から鷹峯を歩く

大徳寺

京都市街の北部、紫野からさらに北に位置する鷹峯は、私が京都に来る度に訪れる大好きな所だ。

まず、地名の「紫野」「鷹峯」という響きと、その字面に如何にも京都らしい物柔らかで、奥ゆかしさがあっていい。小高い船岡山と大徳寺を中心にしたこの辺りは、平安初期に皇族や貴族が薬や染料になる紫草を摘んだり、遊猟をした野原で、北野、平野から蓮台野と連なる都の郊外の一角だったという。

今宮神社門前から現在の佛教大紫野キャンパスの前で右に折れ、千本通の急な勾配を北に向かうと鷹峯街道とのT字路に出る。この辺りからは京の市街に較べて標高が高いせいか、見晴らしがよく利き、空気が一段と澄んでくる。ここが鷹峯の中心だ。

紫野から鷹峯に至る地域は豊臣秀吉が築かせた「お土居」の外構で洛中洛外を分けたところに当たっていて、江戸の昔は洛中側が薬草や野菜の産地、言わば「京野菜」のルーツのひとつであり、洛外側は寺院が集まって建っていたという。現在は民家が急速に増えて、落ち着いた佇まいの住宅地になっている。実は私がもし京都に住まうとしたらこの辺りに暮らしたいと考えたこともあったほどだ。

さて話を戻そう。紫野には名刹大徳寺がどっしりとした伽藍を構え、その背後には都の北を守護する今宮神社が鎮座している。私がいつも歩くコースは、バスを「大徳寺前」で降り、まず大徳寺の南門から中に入る。

大徳寺には伽藍、本坊のほかにいくつもの魅力ある塔頭が立ち並び、それらに至る参道が縦横に伸びているが、ここが落ち着いた風情で素晴らしい。

自然石を埋め込んだ舗装が敷いてある参道は、けっして歩きやすくはないけれど、見上げた先にはずっと松が茂り、三門（金毛閣）から一列に並ぶ仏殿、法堂といった伽藍の大屋根と松が見事な調和を形作り、いかにも大寺という風格がある。常緑の松が高く青い空に映えるのを見れば広壮な気が起きるし、秋霖に煙る時に物思いに沈みつつほとほと歩くのも素敵だ。

そして数ある塔頭には、私の大好きな安土桃山から戦国時代、つまり室町幕府の終焉から織田、豊臣から徳川幕府開府までの歴史に名を残す武将たちが足跡を残す寺院が多く、実際にその建物の遺構を手で触れることができるのだ。考えただけで胸が高鳴ってくるではないか。

通年公開している大仙院、龍源院、瑞峯院、高桐院は何時行っても観ることができる。一方、普段は非公開だが春秋の特別公開の時期には入ることが可能になる塔頭がある。そうした中で私が最も頻繁に訪ねるのは、南門を入ってすぐの所にある「黄梅院」だ。ここ十年ほどほぼ年に二回、春と秋に伺っている。どうしてそんなに繁く足を運ぶかと言うと、心の平安を得るためだ。私にとってそれだけの価値があるとしか答えようがない。

信長、秀吉という時の権力者の発願で建立、発展の後小早川隆景の手で整備された建物の高潔な佇まいがまず魅力だ。

門を潜って中に入っただけで楓の樹木、春は緑、秋は紅に包まれる。まさに心洗われる風景だが、正面のお堂に向かって左に進んで行くと直に外界と遠く隔てられた閑寂の極みと言うべき別世界が待っている。いつも思うのは、この路地が私を、まるで母の胸のごとく温かに柔らかく迎え入れてくれる不思議さだ。ここを初めて訪れた時からそうだった。理由は今もわからないのだが、ことによると前世の記憶があるのかもしれない。

建物沿いに濡れた石を辿りながら、右に路地庭の苔や植え込みを愉しむうちに玄関に誘われていく、その道すがら、心の高まりは段々に鎮まり、世情の鬱然たる雑事がすべて放念されていくようだ。

直中庭（じきちゅうてい）と名付けられた千利休作庭の一面苔に覆われた山水の庭の明るい表と、建物を回り込んだ先にある枯山水による作仏庭（さぶってい）の落ち着きある陰翳の鮮やかな対極の美は、何度訪れても飽くことがない。私は此処で様々な想いを巡らせたり、あるいはまったく何も考えず無の境地で小一時間優に過ごしてしまう。此処は京都における私の一番の安寧の場所なのだ。

綺麗に整えられた書院と仏殿、障壁画、庫裏を目にした後、玄関に近い茶席まで戻る渡り廊下の風情がまたいい。

　昨年の紅葉の時季、風に乗った楓がひとひら、磨きこまれた廊下に落ちてきた。指先で拾い上げて掌に乗せた一枚は、雨上がりのどこまでも澄み渡った空の色を映し出してあまりにも濃い紅色だった。私は心の底から秋を思い、そうするのが最も似つかわしく思えて、深く溜め息をいたのだった。

　名残惜しい気持ちで黄梅院を出て、山内を歩いていく普段非公開の利休居士所縁の聚光院、加賀前田家の芳春院、歴史上有名な秀吉が信長の葬儀を行い、自身の政権への意欲を顕にした総見院。どこも昔訪ねた思い出が深いが、今日はどこも締まっていて今日は入れない。


　次に訪ねるのは、細川家の墓所でもある高桐院だ。ここは、その入り口からして素晴らしい。最も京都の寺らしい風情をもったところだと言っていい。

　それは寺の門までのエントランスから始まっていて、直角になった参道を中心にした清楚な佇まいから門を潜り、突き当りから右に折れて続く直線に伸びる細い石畳の参道は、両側の竹林とあいまって見事な風景をなす。中に入って座敷に上がると、いつも風に鳴る竹のさらさらした音と春夏秋冬それぞれの季節に映える楓の樹が特徴的な寺だ。とくに初夏に訪れると、その座敷の奥まで青楓の色に染まり、それが何とも清々しい。ほの暗い高桐院の座敷は、私と言う存在をすべて消して無になれる空間でもある。

私はここで何時もひと椀の茶を戴く。青楓の色をそのまま写し取ったような薄茶を啜っていると、喉元から全身に青葉の色が染みわたったような気持ちがする。また楓の葉がひとつもない冬に訪れて、その凛とした風景と静けさに浸るのもいい。

さて黄梅院と高桐院、そして大徳寺山内を散策している私の頭をよぎるのは、大好きなラヴェルの弦楽四重奏曲だった。

弦楽四重奏というと、古典派のしっかりとした形式感と厳粛で緊密なアンサンブルの典型、例えばハイドン、モーツァルト、ベートーヴェンを筆頭に、歌を存分に盛り込んだシューベルトやメンデルスゾーン、ロマンの昇華シューマン、郷愁のスメタナとドヴォルザーク、近代ではバルトーク、そしてこの分野でベートーヴェン以後最大の作曲家ショスタコーヴィチあたりが思い浮かぶが、正統ではないけれど最高に魅力的な弦楽四重奏曲がラヴェルの作曲した一曲だ。

この曲は十分に機能的で緻密な書法でありながら、古代を想起させる幻想的な雰囲気をもっていて、まるで別な世界を浮遊するような気持がする。

第1楽章の2つの主題に共通な4分の4拍子のリズムはまさに逍遥に相応しく、ゆったりと辺りを眺めていく私の歩調にぴったりだ。大徳寺の山内にはそれほど幽邃の趣はないが、その代わり明るくて気持ち良い路が続いており、何より観光寺院と違い人気（ひとけ）が少なく歩きやすい。人の絶えた小路を歩いていると、この四重奏曲のリズムがいとも自然に頭に浮かんでくるのだ。

続く第2楽章は白昼夢を見ているような中間部に心惹かれ、続く第3楽章には思い出深い経験がある。

それはいつぞやの黄梅院の直中庭でのこと。人の絶えた午後のひと時、明るい日向を雲が過ぎって出来た陰翳と五月の微風に身体を委ねている時だった。ヴィオラが奏でる旋律とハーモニーがふいに脳裏に浮かんだ。それは眩しいほどの庭の苔と白砂がさっと陰ったせいで優しいグレーの色調に変わったのと同時だった。それは何やら心懐かしい不思議な温かさで私を包み込んだのだった。

ここで私の脳裏に浮かんだのは往年の名クァルテット、カペー四重奏団の古いSP復刻盤だった。まろやかにこの音楽の姿をありのままに伝えてくれるのはカペーの人懐こい響きと古めかしいレコードの音でなければならなかったのだ。現代の弦楽器奏者たちに訊くと、まともな演奏には聴こえないほど崩れているというが、弦楽器の奏法云々はさておき、この美しい響きに満ちたカペー盤こそラヴェルの時代の空気をそのまま運んでくれる貴重なタイム・カプセルだと思う。

＊ラヴェル／弦楽四重奏曲ヘ長調
カペー四重奏団

光悦寺

大徳寺の裏から今宮神社の参道に出て、参拝を済ませ、「あぶり餅」でお茶を飲み一憩して江戸情緒に浸る、というのがいつものコースだが、今日は少し足を伸ばしたい。

ここからは私の大好きな場所に向かう2つのコースがあって、そのひとつは門前から

「46番」の市バスに乗り、終点の上賀茂神社まで行く行程だ。清涼な気分になりたい時はそうする。上賀茂神社を拝んで近くの社家、「すぐき」を売る店を訪ねるのもいい。

だが今日はもう少しこの紫野から鷹峯をさらに歩きたい。私が京都で最も好きな散歩道である鷹峯を歩きたいと思う。

鷹峯に行くには、上賀茂方面と逆方向にひと停留所だけ乗り、佛教大学前で乗り換え、鷹峯源光庵前まで行く。一度登りきってから後で坂を下る方が楽だからだ。

鷹峯源光庵バス停から坂道を少し戻るようにして、鷹峯街道を歩く。ここは何時来ても清々した道筋で気持ちいい。山が迫ってくる感じはまったくないのだが、この辺りを包む空気に山峡の雰囲気があるのはとても面白いことだ。ずいぶん昔、ここから右に山道を取り、友人の自動車で京見峠を目指して走ったことがある。そこは行けば行くほど道は狭く林道のようになり、しかも誰ひとりも出会わない。とても心細い思いをした。京見峠がどんなであったか見晴らしが良かったのか、全く覚えがない。今度タクシーを雇ってもう一度行ってみたいと願うけれど、他にまだまだ行きたいところが多くて、当分行けまい。

鷹峯街道を京見峠に曲がる所に光悦寺がある。気づかないうちに通り過ぎてしまうほど、道筋には目印がない。現に私は過去に何遍もわからなくて人に訊いたことがあった。道から引っ込んだ寺で、おまけに入り口から坂を下りながら入っていくという不思議な入口だ。

しかしこの、まるで異界に足を踏み入れるような入り方はなかなかいい。楓の樹が両側から覆いかぶさる参道を降っていくと途中に門があって、この門を境に視界が開けてくるのがまた面白い。

この山稜に本阿弥光悦とその家族や一族が徳川家康から居住を許され移り住んでから、ここ一帯は光悦たちの芸術村となり、光悦の死後にここを寺にしたという・寺は門を入っても道はずっと下っていく。

途中、有名な光悦寺垣の背後に鷹峯山が聳える景色が一般には好まれているようだが、私は尚も道を降ってもうこれ以上行けない突き当りまで行く。ここに至ると正面に鷹峯三山を望める少し広い場所に出る。

寺の入り口や門から比べると標高は低いのだが。見晴らしが利き、姿形の良い鷹峯、鷲峯、天峯の三山が眼前に広がり、どの山も麓が見えないせいで、人家や建物はまったく眼に入らない。それで余程の山奥に来ているように錯覚する。脇に雅な趣の田舎家ふうの茶室がある。私はいつも軒下に据えてある腰掛に腰を下ろして佇むことにしている。

ここは私にとっての別天地だ。人の姿が絶えると途端に様々な音が耳から私を癒してくれるからだ。まずは季節によって異なる鳥の声、たとえば春から夏にかけてはウグイスやホトトギス。とくにウグイスは場所を少しずつ変えながら近くになったり遠くなったり、耳を楽しませてくれる。鳥の声が一瞬止むと、下の方から紙屋川の渓流の音が聞こえだす。目を瞑っていると深山幽谷の自然の中に居る心持がするのだ。初夏の晴れた日に山の緑に包まれながら、微風が肌を撫でるのを心地よく感じるのもいい。梅雨の頃、軒下で山に降る雨の匂いを一杯に吸い込むのもいい。とめどなく物思いに耽り数時間じっとしていたこともある。

ここでは色々な曲が私の頭を過ぎったが、まずはフランクのヴァイオリン・ソナタを筆頭に挙げなければならない。

セザール・フランクの名前を最初に心に留めたのは高校生の時に学校のチャペルで聴

いたオルガン曲「コラール第2番」だった。私はその頃、チャペルのオルガニストで音楽科のT先生にオルガンの指導を受けていた。わずか一年で足ペダルの難しさに投げ出してしまったのだが、一回だけ演奏会でモーツァルトの小品を弾かせてもらったことがある。その時に先生が演奏されたのが「コラール第2番」で、残響の多い教会堂でステンドグラス越しの秋の陽光の中に響くフランク厳粛で、しかしどこかにロマンティックの色彩が香るこの曲に胸を篤くして聴き入ったのを思い出す。フランクの作風に魅了され、交響曲や室内楽に手を伸ばした中で、ヴァイオリン・ソナタが最も私の琴線に触れた作品だった。

最初に手にしたオイストラフとリヒテルのLPにも感激したけれど、次いでティボー盤に出会うと、古めかしい音質の向こうに聴こえる余分なしがらみから抜けきった潔さと漂う良い香りを感じ取った気がしたものだ。それはコルトーのピアノにも共通する、高校生の私にも伝わってくる詩情の豊かさと切なさだった。勿論現在でもこの演奏は愛聴盤だ。

第1楽章、神秘的で憧れにみちた主題の提示のあと、ピアノによって奏される第二主題と、その架け橋のような楽想は魅力的で（39小節から）、夜空の星々の煌きにも似た深い藍色の色調と七色の光芒を私は感じる。全曲にわたってヴァイオリンの技巧を聴かせるというよりはピアノの雄弁さに重点がある。第2楽章の強い推進力、第3楽章の深い瞑想と立ち昇る香気、そして何と言っても宗教的とも言える心の昂揚と平安がもたらされるフィナーレに至る構成の素晴らしさもフランクの大きな魅力だ。この曲には名演奏が多くある。デュメイもいいし新しいところでは樫本大進が溌剌として素晴らしかった。しかし何遍も聞いて飽きないのはティボー。漂ってくる上品さが較べようがない。

＊フランク／ヴァイオリン・ソナタイ長調
ジャック・ティボー（vn）、アルフレッド・コルトー（p）

六、五山《ござん》送り火

蛍火のように、ちらちらと瞬いた光の粒が焔となって燃え上がると、それはひとつふたつと数を増して横一列に並んだ。

それから東山・如意ヶ嶽の斜面に「大」の文字が赤々と浮かび上がるまで、さほど時間はかからなかった。

八月十六日午後八時きっかりに点火されて、松ヶ崎の「妙」「法」、西賀茂の「船形」、金閣寺山の「左大文字」、そして嵯峨の「鳥居形」の順に、少しずつ時をずらしながら京の夜空を朱に染め上げていく。

今日は盂蘭盆の明けで、それぞれの家に戻っていた精霊を送る行事、それが「五山送り火」だ。

この日の午後、炎暑の京都駅に降り立った私は、真っ直ぐに如意ヶ嶽の麓にある慈照寺（銀閣寺）に向かった。

門前では、お揃いの法被を着て立ち働く保存会の人たちが、ひきもきらぬ人波を手際よく整理している。

幾張か並んだ天幕のひとつに入り、その下で私は粗く削られた護摩木を受け取ると、追憶したい人たちの名を連ねて記し、卓に置かれた三方に乗せた。

この護摩木を全部一緒に束ねてから、保存会の人たちはそれを背負い運んでこの夜、送り火にくべられるのだ。

久しぶりに訪れた夏の慈照寺の庭に立つと、銀砂灘の白砂がいたたく眩しい。

だがそこから目を移すと、観音堂・銀閣のくすんで寂びた壁や板の色具合と、濃い緑に沈みこむ松林と一面の青苔が私の眼を優しく潤してくれた。

この眺望と先刻の護摩木の強い木の香は、ねっとりとした暑気の中で、少なからず私の気持ちを晴れやかにさせた。

室町時代、厭わしい現実から遠ざかるようにこの東山に居を移した足利義政の思いとは裏腹に、観光地と化し何時行っても賑わうこの寺の内外も、今日ばかりは盆の送りとあって、平生に較べて神妙な空気が流れているようだ。

それは、遊山に訪れる人たちとは明らかに違う、この地に住み暮らす人たちの常の行事が今ここで粛々と進められていて、見世物ではないきっぱりとした潔さが空気を引き締めているからだろう。

私は京都を度々訪れるが、人出の多い寺社や観光名所には滅多に出かけない。人混みは苦手だし、何より私が京都に求めるものがそこにはない。

私が京都に来る理由は、他の土地よりもそこに暮らす人々の生活に陽と陰、即ち「ハレ」と「ケ」がはっきり刻印されているからだ。ことに洛中の日常にはこの陰翳は暮らしぶりの波を作り、それが大きなリズムとなっていると思う。

京都は、ただ千二百年の都として累々と地位を固守してきたのではない。この地の繰り返された荒廃と繁栄の歴史には安寧という言葉とはほど遠い血腥い側面があった。覇権争いの場であり、また異文化流入の危機にも幾度となく晒された。

しかしこの地の人たちは、何代にもわたってそれらを受け容れ、ここで暮らす智恵を身に付けてきた。この稀に見る柔軟性は現代においては京都人の属性として彼らの日常を様々に網羅する。総ての「都ぶり」つまり京都らしさはここから発しているのだ。私はここに魅力を感じて、京都人の日常に私の非日常を滑り込ませる。これこそが私の京都旅の目的だった。

さて、今日は五山送り火。

年に一度、京都挙げての鎮魂の夜だ。壮大な焔の祭典の中に、私はささやかな贖罪を祈ることにしよう。

灯りをすっかり消したホテルの部屋。

カーテンを大きく開けたガラス窓からは、大文字の送り火が勢いよく熾り、朱色の光彩が山の地肌と火床を煌々と照らし出している。

不思議にこの火焔に恐怖心は起きない。寧ろそれより総てを焼き尽くす浄化の炎に思われて、どこか親密な心持さえした。

天を焦がすほどの火勢も徐々に衰えて小さくなった。焔の朱色に夜の闇が紛れ込み、今は初めと同じくらいのちらちらとした光芒に戻った。

だが凝と見ていると、光の粒が力を得て育まれていく焔と、逆に鎮まっていくそれとでは、明らかに色も形も違っていた。

余燼もすっかり消え去り、闇が戻った。

しかし、今私の眼前を覆いつつある闇は世界の終焉ではないことを知っている。この漆黒の静まりには神聖な気配があり、炎によって浄化された魂は沈黙の声をあげているのだ。

一夜の炎のように私の前から消え去ってしまった追憶の人たちと同じく、いずれの日にか私も闇に消えていく。

果たしてその時、私の眼に五山送り火はどのように映るのだろうか。

「夢の意味」という曲がある。国文学者の林望の詩に上田真樹が作曲した合唱組曲だ。二〇〇七年に東京混声合唱団が委嘱し初演した作品だ。

曲調は平明で、誰にでも受け容れやすい音楽だが、詩は勿論のこと曲も内容が深く、示唆に富んでいる。私は自分が指揮する合唱団で練習したが、指揮していて感動のあまり涙で楽譜が見えなくなってしまったことがあった。全五曲からなる組曲のうち、第四曲「夢の意味」と切れ目なしに続く終曲「夢の名残」が特にすばらしい。
ここにその詩を掲げる。

「夢の意味」

いきていることの
いみを　だれもほんとうにはしらない。
いきているとおもっているのは
じつは　ゆめ　かもしれない。

ゆめのなかで
うまざけ

もえるこい
とみ　さかえ　たのしむ
そんなことに　なんのいみがあるか
ゆめは　やがてさめる
そのとき　はじめてしるだろう
ああ、　ゆめ　ひとせつなの……

みよ
やがてこのいのちがつきるとき
ゆめはさめる
そのとき、このうつしよもまた
おおきなゆめだったことをしる
……かもしれない。

ゆめのいみを

だれもほんとうにはしらない

「夢の名残」

さて
　はなのちる
また
　はなのちる
あさぎのそらに
はなのちる

よのなかは
なにかつねなる

はるかぜふいて

ひかりがみちて
わかくさはもえ
とりはさえずり
やがてしずかに
あめのふる
のにはなのはな
ゆうべはかすむ

さびしかないぞ
かなしかないぞ
たまゆらの
いのちよ　いのち
せめては　ゆめよ
さめるな　ゆめ
いましばし

ゆめのなごりの
はなのしたみち
のどかにゆかな

さて
はなのちる
また
　はなのちる

詩・林望

（混声合唱とピアノのための組曲「夢の意味」全音楽譜出版社より転載）

この詩の根底にあるのは「生きていること＝夢」という思想であり、どちらも淡く儚いという概念だ。これは普段私が思っていることそのものだ。とくに、「よのなかはなにかつねなる」という詩句の深い意味には心が打ち震えてならない。

詩人はおそらく古今集巻第十八「雑の歌下」にある

《世の中はなにか常なるあすか河昨日の淵ぞ今日は瀬になる》を念頭に置いていると思われるが、「なにかつねなる」とは、(世の中に) 何か常在不変なことなどあるだろうか、いやありはしない、という意味だ。

昨日の淀みが今日は浅瀬に変わるように留まることのない流れの飛鳥川。それと人間の一生を重ね合わせ、世の無常を詠んでいるのだ。

詩人は続けて、人生の終焉はけっして寂しいものではなく、悲しいものでもない。花の下を静かに歩んで行くように平穏なのだと謳う。

窓の外は送り火が鎮まった後の、ただ闇夜が広がっている。

窓際の椅子に深く腰を下ろした私は、この「夢の意味」の一節を口に出して呟き、歌っていた。

「さびしかないぞ　かなしかないぞ」と。そして、「さて、はなのちる、はなのしたみち　のどかにゆかな」と。

*上田真樹／混声合唱とピアノのための組曲《夢の意味》

山田和樹（指揮）東京混声合唱団、新垣隆（P）

大文字山遠望

仏さまと出会う旅

一、薬師三尊（奈良・薬師寺金堂）

奈良の薬師寺に行く時は近鉄の西ノ京駅で降りる。

この駅は小さな駅だが、駅前の道を右に行くとすぐ薬師寺の北門がそこに見え、また左に少し歩けば唐招提寺の前に出る。薬師寺も唐招提寺も私の大好きなお寺だから、もう何遍この駅で乗ったり降りたりしているのか、数えきれない。

薬師寺の北の門は、本来は裏口なのだろうと思うが、電車で来るとどうしてもここから入ることになる。ただ、金堂の仏さまを参拝するにはこちらの方が近い。

昔、最初にここに来た時もここから入った。

あの頃、薬師寺は松の林の中に古びた堂塔が建つ静かな寺だった。和辻哲郎が描写した「廃屋のような」「荒廃した古寺」というほどではないけれど、十分に鄙びた風情があった。それに、松林に囲まれた東塔の上の青い空には、佐佐木信綱が詠んだ通りの「ひとひらの雲」が浮かんでいたことをよく覚えている。

それから通い続けるうちに、随分、お寺の伽藍や外構は変わった。金堂が復興し、西塔が建ち、回廊と門が出来たと思っていると大きな講堂まで建った。

参拝の路が整備されて歩きやすくなったのは助かるが、その代わり木々の緑がなくなり、何もない広場に堂塔が並ぶ味気ない姿になった。ただ、これはもしかすると白鳳の昔もこんな風だったのかも知れないから、これで良しとしなければいけないのだろう。


大講堂の横を抜けて金堂に入る。

ここは昔のお堂に較べると大層立派になり、薬師三尊像を安置するのに相応しくなった。それに堂内が明るく、仏さまに手が触れるくらい間近に拝むことができるのは有り難い。

最初に本尊・薬師如来の前に進み、じっとお顔とお身体を拝する。

仏さまの顔貌や体躯についてあれこれ語るのは不遜な気がするけれども、この薬師如来と脇侍の日光菩薩、月光菩薩ほど、あらゆる点で万全の美を湛えた仏像はほかにないと思う。お姿は円満であり、眼差しは深い叡智に満ち、そして私に箴言を語りかけてくれる。

私は美術史家でも熱心な仏教信者でもないから、専門的なことは解らないので言えない。それに私は仏さまからご利益を授けてもらおうとも思わない。ただお顔を拝し、御姿に見とれることで心が治まり、それで満足なのだ。


それは、こういうことがあったからだ。

九年前のこと。節分の数日前の寒い日、私は朝、入院している母を病院に見舞った。もう一週間も続けて面会していたが、その都度病院を出る私の嘆息は深いものになっていた。

どうにも重く蓋がれた気持ちで、何かに救いを求めなければ、あるいは心の安寧を得なければ、もう一歩も先に進めないように感じていた。

何かに導かれるように東京駅に向かっていた。自分がこれからしようとしていることの良し悪しの判断は全くつかなかったが、このまま進むしかない、という決然の意志だけが私を歩ませた。

暗くて風花が舞う奈良の空の下を俯いて歩いた。そして着いた薬師寺の金堂には誰の人影もなかった。

ただ謹厳な薬師如来のお姿だけが蝋燭の灯の光の輪の中で浮かび上がって見えた。

私は薬師如来に手を合わせ、しっかりと見詰めた。

「どうか母を病気から救ってください。何とか母を元に戻してください」

と、二度も三度も口に出して願った。

そうしながら薬師如来のお顔を見て、私は大きな衝撃を受けた。その眼がまるで私を突き放すように冷徹そのものだったからだ。

私はそのお顔に向かって、尚も
「薬師様は病気を治す仏様じゃないのですか、お願いです、母を治してほしい」

と懇願した
しかし、見上げた薬師如来の眼は明らかに拒絶の意志を示していた。そして、ただじっと見詰めている私に、

「本当にお前は母親を元気にしてほしくてここに来たのか、そうではあるまい。お前

はもう母親が死の床にあることを識っていて、ただ母親の死が怖くてここに逃げてきたのではないか。」

私の耳には確かにそう聞こえたのだ。

今朝、痩せて小さくなり顔つきも別人のようにやつれた母を見て、どうにも辛くなって、ここまでやって来た。

平癒を願ったのは確かに口実だった。

どうしていいか分からなくて逃避していただけだ。それなのに、仏さまに母の快癒を願ったのだ。

仏さまの眼は、私の中の矛盾を見事に喝破したのだ。

勿論、これは私が心の裡に聞いた「声」だ。

仏さまが実際に喋ったのではない。だが薬師如来に面と向き合うことで、私は、私の心の裡の本音を引出し、聞き取ることが出来たのだ。

仏さまは「鏡」だ。

私自身の本当の姿、ありのままの姿全部を映し出す鏡だ。

だから、仏さまに向き合った時、私の虚飾の衣は総て剥がされ、本当の自分を取り戻せたのだ。

この時から、私の仏像に対する見方が変わった。それまで容姿や顔貌の美しさを愛で、作者と製作年代とか様式のとか、仏さまの本質と関係のないことに夢中になっていたことを恥じた。

今は仏さまと対峙して、仏さまが語りかけてくるのを待つ。何も仰らないこともあるけれど、それならそれでいい。見とれているだけでいい。

こういう仏像への接し方を教えてくれたのがこの仏さまだった。

薬師寺は、私が最も数多く通った奈良の寺だ。それというのも、初めてこの寺を訪れた時、東塔の美しい姿に驚きと深い感銘を受けたからだ。

裳階が付けられた独特の建築様式については写真で知っていたし、修学旅行の事前学習をかなりしてから行ったのに、実際に眼前に佇立する東塔の圧倒的な存在感に雷には打たれたような気がした。

四面のどこから見ても、遠から眺めても間近で見上げても、それが古代の建築物であるゆえの歳月の重みと、この塔のもつ若々しい躍動の見事な調和に、驚嘆を禁じ得なかったのだ。

私の中の薬師寺は今もこの感動をそのまま引き継いでいて、就中東塔、金堂薬師三尊や東院堂聖観音の諸仏への畏敬と愛慕は並大抵ではない。然るにこの大寺に私が抱く音楽のイメージはいつも決まっている。それはベートーヴェンしかない。

私にとってのベートーヴェンの音楽を一言で言うなら、それは「正調」だ。私が音楽を聴く上での基本であり物差しだ。迷った時に帰るべき基準点だ。時としてあちこちに散らかしてしまった頭の中や気持ちを、すべてきれいにリセットしてくれる特別な薬なのだ。

私は小さい時、ベートーヴェンの「田園交響曲」で音楽に目覚めた。それでしばらくは彼の作品ばかり聴いていた。習い始めたピアノでは作品49の2曲のソナチネや「エリーゼのために」、「ト調のメヌエット」に没頭したし、ピアノ協奏曲「皇帝」や交響曲に次々に版図を拡大していった。

その中で特別、これぞベートーヴェンと思ったのが交響曲第5番ハ短調だった。おそらく子供心に、この曲にぎっしりと詰まった内容、つまり尋常でない劇性と、盛り込まれた高貴な精神性を感じ取ったのだろう。

今でもこの曲に対して襟を正さなければならないような気持になる。この作品は「苦悩から歓喜へ」というモットーがバックボーンにはあるけれど、実際の音楽は多様で豊富な魅力に満ちていると思う。とくに私は第2楽章に惹かれる。たいていの交響曲の緩徐楽章は優しい叙情性が特徴だが、この曲のそれは慈愛よりは、人はこう生きるべきだという崇高な理念を感じさせる。

音楽にこうした押しつけがましい論理は無用、ただ楽しければいいではないかという意見もある。しかし私は、音楽によって、あるいは音楽だからこそ、曲がった自分の襟を正して、深く物事を考え直すきっかけが得られるのだと思う。

この第2楽章アンダンテ・コン・モートは、高潔な2つの主題による変奏曲の形式を取っている。ベートーヴェンは変奏曲の名人で、「第九」「英雄」はじめピアノ・ソナタ、弦楽四重奏曲などあらゆるジャンルに変奏曲を用いて、それがどれも見事だ。私はこの緩徐楽章を聴くと、邪心が正され、しかも心が豊かになる。

推薦したい演奏というと、以前であればフルトヴェングラーの1947年復帰ライブ盤が一番と考えていたが、現在ではこの音楽の内容の深さをこれでもか、というほど掘り下げたチェリビダッケ指揮ミュンヘン・フィルを挙げたい。この演奏で聴くと、ベートーヴェンがここに籠めた理想が眼の前に解きほぐされていくように感じるのだ。

＊ベートーヴェン／交響曲第5番ハ短調作品67
セルジゥ・チェリビダッケ指揮ミュンヘン・フィルハーモニー管弦楽団

二、雲中供養《うんちゅうくよう》菩薩（宇治・平等院鳳凰堂、鳳翔館）

宇治の平等院にお参りする時は、決まって最初に庭に廻り、側面から段々に鳳凰堂の正面を拝観することにしている。

そうすると、この類稀に優雅な建築が、その名の通りに、鳳凰が羽を広げていくように私の前に現れてくるさまを見ることができる。

最近、この中堂と回廊、脇の楼閣共々すっかり外観が塗り替えられて赤くなった。ただ、赤いと言っても、神社のそれの朱ではなくて錆びた色合いなのはとても良い。

いかにも平安朝の爛熟を思わせる佇まいを、春なら桜花の挟間に、晩秋ならば対岸の紅葉から、池に映し出されるのを見るのは心弾むことだ。

これほど威厳がありながら和やかな、すなわち日本的な風景はあるまい。

さらに、中堂の本尊阿弥陀如来のお顔を格子越しに拝するという平安時代のアイディアは何と巧みなことと感心させられる。

本尊阿弥陀如来を間近に拝するために中堂内部に入ると、本尊を囲む壁の長押に「雲中供養菩薩」が架けられていて、これらのひとつひとつの造型の妙は言葉にならないほど美しく躍動的だ。

現在は半分の二六躯を鳳翔館という博物館で展示しているが、こちらは拝観者の眼前に展示されるので、元来よりも一躯一躯のディテールを具に見られるので有り難い。

しかしながら、私は五二躯の菩薩像全部が鳳凰堂内部に架けられていた昔を想像すると、その壮麗さは見ている者は総身に震えが来るほど感動したのではないかと思い、現在はやや寂しい気がしてならない。

この菩薩像の多くは雲の上に坐して、手には何がしかの品を持っているが、その多くが楽器だということは、私にとって大変興味深いことだ。

菩薩が手にしている楽器は笙、均子に撥、あるいは拍板と様々だ。

七色に輝く雲の上を菩薩たちが楽を奏で、舞を舞う。その光景こそ極楽浄土そのものではないか。

天上ではいったいどんな音楽が鳴り響いているのだろう。

天上の音楽…。

私は極楽浄土も天国も、その存在を信じていない。というより人間の死は完全なシャット・アウトであり、その先は無いと考えている。だから人が死んだ後、苦しむこともない。暑くも寒くもない。要するに、何もない。

しかし、死後の世界は無くても、私たちの心の中には極楽も地獄も確実に存在する。実は、私たちが憧れたり、恐れたり。憎しみ合ったりする、この今生きている世界こそ極楽であり地獄なのだから、私たちが極楽だと思えばそこが即ち極楽であって、地獄と考えればそこが地獄なのだ。

抑々、私たちがこうして「生きている」と信じているのさえあやふやなことではないだろうか。

…菩薩たちの舞や奏楽を考えているうちに、私は本当の夢を見てしまったような気がする。精々、今私たちの眼と耳で、極楽浄土の音楽を捜そうではないか。

天上の楽、極楽浄土の音楽を想い描く時、私は決まってある一曲が頭の中に鳴りだす。それはモーツァルトの「フルートとハープのための協奏曲」だ。

第1楽章のアレグロ、ハ長調の明快な曲調、フルート・ハープと弦楽器が跳躍を繰り返す音型は、まるで天空を菩薩たちが舞い、奏でている様子そのまま再現されたようだ。第2楽章アンダンティーノの典雅な佇まい、ロンドによるフィナーレも極楽の柔らかい光彩が見事に描かれていく。これほどぴったりな音楽は他に考えられないと思う。

推薦盤はランパルとラスキーヌ、パイヤールによる古い録音。新録音も沢山あるけれど、この盤には二十世紀中葉の雰囲気があって懐かしい。

＊モーツァルト／フルートとハープのための協奏曲ハ長調K２９９
ジャン・ピエール・ランパル（フルート）、リリー・ラスキーヌ（ハープ）、ジャン・フランソワ・パイヤール（指揮）パイヤール室内管弦楽団

三、伝如意輪観音《でんにょいりんかんのん》（斑鳩・中宮寺）

法隆寺の裏手にひっそりと建つ中宮寺には、私の大好きな菩薩さまがいらっしゃる。

このお像、最初にお会いした時は弥勒菩薩だと教えられていたが、次には如意輪観音と言われた。だが現在は、ただ半跏思惟像というらしい。

私にとって名前などはどうでもよろしい。中宮寺のお堂の奥の黒光りのお身体と、ひと目で優しさに包まれてしまうお顔立ちさえ拝めればそれでいい。


新緑から初夏にかけて、この寺に行くと、本堂に差し掛かる辺りで目の前に黄色の海が広がる。山吹の花の群生が迎えてくれるのだ。

中宮寺は、その歴史を遡ると草創が飛鳥時代、聖徳太子の母である穴穂部間人皇后の発願によっている。創建時は四天王寺様式の伽藍を擁する大寺だったというが、その後荒廃の時が長く続き、江戸時代に門跡尼寺となって法隆寺隣接地に移った。

気の遠くなるほど荒廃衰亡の歳月をこの寺は負ってきたのだが、それにもかかわらず、本尊の如意輪観音、それに同じく国宝の天寿国繍帳残闕は、いったいどのようにして散逸を免れ保管されたのだろうか。


これは法隆寺や近隣の斑鳩の寺にも言えることだが、明治初期の廃仏毀釈の一時期を除けば、この斑鳩、飛鳥という土地柄が、街道筋から離れ、歴史の荒波から遠く隔てられた辺鄙の地だったことに起因する。

つい昭和四十年代後半まで宅地化も進まず本当に静かな地域だったことは、私が最初にこの地を訪れて経験したことだった。

あの頃、法隆寺から法起寺へ徒歩で向かうと、まるでタイム・スリップしたように道に沿って白壁と木造の家屋が点在し、畠から続く低い山並の美しさが私の眼を楽しませてくれた。法起寺までの道すがら一度も人に出会うことがなかった記憶もある。

こういう土地柄のおかげで貴重な文化遺産は護られてきたのだろう。このことは奇跡でもあり、私たちは感謝しなければならない。

さて、もちろん法隆寺、法起寺の堂塔、仏像に私は限りない尊崇の気持ちを抱いている。たとえば百済観音、橘夫人念持仏、夢違観音など、法隆寺に行けば拝観したい仏さまは数多くある。しかし、これら諸仏には畏敬の念はあるが、愛慕の心までは生じない。それに、法隆寺金堂の仏像や夢殿の救世観音には、何か近寄り難いよそよそしさ覚えてしまう。

それに比べて、中宮寺の本尊・伝如意輪観音（半跏思惟像）の人間的な温かさと混じりけのない美しさは、どこまでも私を慰撫と帰依の気持ちに誘ってやまないのだ。

周囲に池を廻らせた本堂は、鉄筋コンクリート造のどうということのない建物だが、建てられて時間が経過したせいで、花や草木で柔らかに彩られた庭の景色に完全に溶け込み、すでに無機的な印象はない。

数段上った堂内の最奥、須弥壇に安置されたこの仏さまは、滑らかに黒光りした独特の肌の色をして、右足を左膝上に組み、少し前傾姿勢で右手指を触れるか触れないかという距離で頬に寄せている。

お顔はいわゆるアルカイック・スマイル（古風な微笑）だ。しかしその笑みと眼差しは、喜びよりは未来を見通した永遠性を感じさせる。

表情は幽かな憂いを帯び、厳しい神々しさはなく、むしろ深甚な人間愛そのものを表わしているように思う。


この像を拝して私はあることを考える。

それは、この像は何故このように美しい姿なのか。そして、私にとって仏像を拝むということは何の意味があるのか。ひいては、仏像は何のために存在するのか。いったい「仏」とは何なのか、という疑問だ。

そして宗教とは何なのか。

世界には数多くの宗教があり、それぞれ人間の心に寄り添い、あるいは人間に生きる力を与えるという。

それでは振り返って、私はどうだろうか。

この質問には返答に窮してしまう。

現に、正月や祭礼、夏越の祓いなど神社に参拝するし、盂蘭盆、彼岸会には寺に行き、先祖の供養のために墓参して花と線香を供え、仏壇に毎日香をたく。

私ばかりではなく日本人の多くは神前で結婚式を挙げ、仏前で葬式を行う。

つまり、私たちは神と仏を自然に自分の生活に受け容れながら日々を送ってきたのだ。

おそらく、歴史的には仏教伝来からこのかた、古代より続いてきた八百万の神、産土神への信仰と仏教は次第に混淆し、独自の宗教観を日本人は共有していったのだと思う。

かつて薬師寺の高田好胤師はこのことを
「遠くのご先祖が神様、近くのご先祖が仏様や」

と云われていたが、これはまさに至言だ。

だから、明治政府が神仏分離の政策を打ち出した時、世の中は混乱をきたした。

もともと神社が寺院の護持をしていた例は多くあり、「神も仏も」という言葉通り、精神的には同一、仏教の中に様々な神を取り込んでいた。そこに降ってわいたような神仏分離政策は、天皇制を強調することで自身の権力を正当化しようとした愚策と言うほかあるまい。

さて、自然現象に左右される農耕の営みが日々の暮らしの根本であり、農作物を経済の基本に置いて成立してきた日本社会で、自然に対する畏怖と感謝の気持ちが信仰に結びつくのは当然のことだった。

長く培われてきた日本人のこうした宗教観に私は慣れ親しんできた。それ故、自分はどう生きていくのかについてもこう考える。

私は自然界で毎日陽が照り、雨雪が降り、風が吹き雷が鳴るのと同じように、人間の生きている道筋、すなわち運命は畢竟「なりゆき」でしかないのだ。

人生というものは総ての場所で、右か左かの選択を迫られる。それを繰り返し、その連続で推移していくものだ。けれども実は、それも運命の大きな流れに従った結果でしかない。

このような、逆らうことができない運命に人間はどのように向き合っていけばいいのか。

この問題に答えを出そうとするのが宗教であり哲学なのではなかろうか。

私にとって、こうした心の問題に答えてくれる存在は仏さまだ。

では何故仏像は人間と同じ姿をしているのか、人と同じ顔立ちなのだろうか。

それは、信仰の対象を人と同じ姿形に模ることで、仏像に人間的な交流を求め、さらに人間的な愛を求め続けた結果だと思う。あの優しく憂いを帯び、永遠の慈しみに満ちた中宮寺の仏さまが私を惹きつけ大きな理由はそこにあるのだ。


この仏さまを拝する時にいつも思い浮かぶ音楽は、シューベルトの「楽興の時」D780の最後の第6曲変ニ長調だ。

シューベルトが晩年に到達した静かで、言わば諦めにも似た感情が顕されている小曲で、光と影が微かにゆらめく。

濁りなく透明で、しかも絶対の美しさがあるのだ。この陰翳深い曲は、何よりお像の優美で愁いを帯びた面影に見事に重なっているのだ。

演奏は内田光子。近頃とみに芸格を高めている内田の沈思がこの作品を言い尽くしていると思う。

*シューベルト／楽興の時Ｄ７８０から第６曲変ニ長調
内田光子（p）

四、みかえり阿弥陀《あみだ》（京都・永観堂禅林寺）

南禅寺門前で車を降り、秋霖が濡らす東山の道を私は永観堂の方向ら歩いて行った。「名物湯豆腐」の看板を出す店を左に見ながら、東山の裾を進む道は、時期であれば観光客やそれを乗せたタクシーが頻繁に通るが、九月の連休前などは、ここ界隈の本来の静かな風情が取り戻せているようだった。

哲学の道に通ずるこの辺りは、以前はもっと閑静で、有名財閥の別荘が軒を並べる岡崎から散歩をして永観堂や南禅寺まで行くのはとても優雅で愉しかった。

けれども最近は人が増えた。それも中に場所柄を弁えぬ輩がいるのは甚だ迷惑なことだ。観光客を目当てにするのは仕方がないが、それが行き過ぎて、本来の京都の良さが台無しになってしまっては自滅行為ではないか。ここだけではない、京都全部に言えることだ。

だから私は、人の少ない時期を選んで来るしかない。その意味で、今日は良かった。

東山学園の脇の水路も長雨で水量を増して、勢いよく傾斜を下り水音も激しい。

たが歩を進める私は、これから久しぶりに永観堂の阿弥陀仏にお目にかかる喜びで心浮き立っていた。


永観堂は浄土宗西山派の本山で、本来は禅林寺という。

歴史の古いお寺だが、第七代法主永観（ようかん）律師が時の上皇から許しを得て奈良の東大寺から運んだ「みかえり阿弥陀」を本尊としているので永観堂と通称される。

「みかえり阿弥陀」とは、永観が冬の凍てつく朝、念仏を唱え、廻りながら勤行していると、いつのまにか阿弥陀如来が永観の前におられ、

「永観、おそし」

と言われたという。

永観はその尊いお姿を留めたいと願ったところ、それを如来が聴き届けられて「みかえり阿弥陀」のお姿になったというのだ。

伝説はそれとしても、正面でなく横を向いた仏像は大変珍しいものだ。そして横を向いたお顔の何ともきりりと引き締まった表情こそ私がこよなく愛する理由だ。

晩秋には紅葉の見事なことで知られる庭は、今日は雨に濡れた青楓がしっとりとした景観を成している。元来紅葉より青楓に魅力を感じている私にとって、この風景は実に好ましいものだ。しかし今は庭を賞でるより仏さまにお目にかかるのが先だ、と玄関に急いだ。


このお寺のお堂は山に沿って建てられていて、それを廊下が結ぶ造りとなっている。だからお堂からお堂はいくつもの階段を昇らなければならない。

本尊のおわす阿弥陀堂は最も奥にあるから、なかなか行き着くのに苦労するが、この苦労の先に目指す「みかえり阿弥陀」がおられると思うと気が逸ってくるのだ。

最後の階段を経て、廊下を行き詰めると、阿弥陀堂に出る。

最近改修が行われてすっかり面目を施された綺麗なお堂の奥、厨子の中に阿弥陀仏は安置してある。

ここで、拝観者は前方からも横の方向からも拝めるように作られている。

照明もこのお像のための凝ったものとなっていて、以前に比べると、振り向かれたお顔の表情がはっきりとして、一層陰影深く感じられる。

かつて一度、堂塔修理中の折に、玄関の近くで展観していたことがあり、その時は手で触れることが可能なほど間近に拝することがあった。

この時は像の細かな作りまで白日の下に明らかになって、よく見えたのだが、そのお顔はやや当惑しているように感じられ、私には少し気の毒にさえ思われた。

較べて現在の厨子の中のお姿は、より神々しく、納まるべきところに納まり、お姿が訴えかけてくる力もいや増し強くなったように感じられる。

私は、「永観、おそし」と言われた阿弥陀如来の姿が意味するものは、遅れてくる者を待って、総ての衆生を救おうとする貴い意思だと思う。

だからこそ、私のように年中何をやっても遅くて前に出られない人間がおすがりできる存在なのだ。

遅れてきた者も逃さず救ってくださる包容力に私は心から惹かれたのだろう。

今日は雨もよいの薄暗い一日だった。

だが、こういう日に、阿弥陀堂のこの一層闇の濃い室内で、其処だけ明るい照明を浴びた阿弥陀さまをじっと拝していると何とも気分が鎮まってくる。

それと同時に、このように私を先導してくださる存在があるのなら、私はまだまだ生きていかねばならない、という勇気が湧いてきた。

阿弥陀如来の存在は、人間が死の時を迎えるまで生き抜いていく道を照らすひと筋の光明なのだ。だから私は懸命に残りの人生を石に齧りついてでも生き抜きたい。この覚悟がついたのだった。

阿弥陀堂から外に出て、池のある庭を歩きだすと、しとしと雨が楓の枝や葉から滴ってきた。

私の心の耳には、ショパンの前奏曲「雨だれ」が響いてきた。

この曲はマヨルカ島に降る雨の描写ではなく、ショパンによる一枚の心象画だと思う。つまり彼の心の中に響く雨だれであり、心を濡らす涙でもあろう。ショパンの音楽の中でも無類の深甚な音楽だと思う。

永観堂の軒先で、この曲を頭の中で響かせていると、今拝んできた阿弥陀像のお姿と重なって一層心が鎮まってきた。

昔は、いや今でもA・コルトーの詩情豊かな名演奏をこよなく愛する私だが、今年（2015）出たソコロフのザルツブルグ・ライブ盤が知情のバランスに長けて断然素晴らしい。しばらくはこの演奏を聴いていたい。

＊ショパン「二十四の前奏曲」作品28から第15曲
グレゴリー・ソコロフ（P）

五、渡岸寺《とうがんじ》十一面観音（滋賀・向源寺）

米原駅は東海道線から北陸方面に向かう交通の要衝だが、琵琶湖からするとかなり北の位置にあり、いわゆる湖北地方への玄関口に当たる。

私は新幹線を米原で降り、乗り換えて北陸線の高月に向かった。

田舎の駅という風情の高月駅前から歩き出すと、広がる田畑の向こうに緑の山並みが連なるのが見えた。いかにも安穏な風景だが、ここはかつて戦国時代には多くの血が流れた激戦の地だった。

浅井長政が護る小谷城は織田勢に攻められて炎上、お市の方と三人の娘が羽柴秀吉の手によって逃げ延びたのは有名な話だが、その小谷の城跡はここから近い。また、秀吉と柴田勝家の決戦地となった賤ヶ岳は、ここからすぐ北方にある。

それと同時に、ここは「湖北観音の里」と呼ばれるように、古来より北陸と関東関西を結ぶ土地柄ゆえに仏教史跡も多くあり、とくに幾多の観音像が存在する地域でもある。戦乱の世に人々は、観音像を地中に埋め隠して守り続けたという。

そうして残った湖北の観音の中から、今日は向源寺にある「渡岸寺十一面観音像」を拝したいと思う。

田舎道を十五分ほど歩くと、道端に何本も「観音の里」の幟が立っているので場所はすぐわかった。

「渡岸寺十一面観音」を現在有しているのが向源寺だという。この像のやや複雑な由来も、戦国時代の混乱の名残なのだろう。

いずれにしても平安時代初期の傑作である十一面観音がここで観られるのは喜ばしいことだ。

全国にある国宝十一面観音のひとつであるこの像は、本堂に続く収蔵庫の中に安置されていて、時間をおいて説明が聞けるようになっている。

臭創庫に入ると、中が暗いので眼が慣れるまでお顔立ちや体躯の詳細は分からない。

しばらくしてほの暗い照明の中から浮き上がって見えたのは、何とも肉感的な肢体と憐れみ深い眼差しの観音像だった。

お顔の表情を言葉で言い表すのは難しいことだが、ここ渡岸寺観音の特徴は、清々しさと爽やかさを兼ね備えた美形ということではないかと直観した。

肩口から足元に向かって流れるように垂れていく衣紋、それに包まれる若々しい体躯と強い意志と柔和な面影が同居したお顔は、人間の美しさを集約し結晶化したように思った。

人の背丈よりも高い像だから、私の眼には頭上の十面の顔貌まではしかとは分からないから、これは後で写真を買って確かめることにしたいが、私は仏像がいくつかの面だちを持つことに興味が尽きない。

それというのは、かねてより私は人間を善人と悪人に分別することに疑問を感じていたからだ。畢竟人というものは、ある時は善いことを行い、またある時には悪いことをする生き物なのだと考えている。

悪いことをしたと感じて、それを償おうとして良いことを率先して行う。人間の生活はそれらの繰り返しなのではあるまいか。

其々の人間によってこの幅は様々だろうが、この両面の間に存在する多様な顔相を仏像に表していった結果が十一面観音の姿なのだと思う。

人生の清濁をすべて呑み込んで、さらにその結果である「理想」を結晶化したこの観音像にしばらくの間見とれるばかりだった。

収蔵庫と観音堂から退出すると、外は眩しいばかりの日差しと、耳を圧する蝉しぐれの最中だ。

駅までの道を歩きながら、今拝観した観音の姿が鮮やかに蘇ってきて、心洗われた気分になった。北陸に近い湖北といえども真昼の空気はまだ熱気を帯びて暑い。

ただ、仏さまにお会いした時、それが炎暑でも酷寒でも、心には爽やかで温かい「気」が残るから苦痛を感じないのだ。

この時の爽快な気分は、私の耳にひとつのメロディーを浮かばせた。それはフォーレの「シシリエンヌ」だった。

フォーレの音楽は、モーツァルトやブルックナー以上に聴く人を選ぶという。以前ある批評家が、フォーレを聴いて「ああ、いい曲だな」と思えるようだったら、その人は自分の耳を信じて良いという意味の事を書いていたが、私もそう思う。幻想的で、しかも純粋無垢な音楽を愛する人たちにとって、フルートが奏でるたおやかな旋律と千変万化する虹のようなハーモニーのこの「シシリエンヌ」はまったくこたえられない。私には、今拝してきた観音像の衣が、風を孕んで流れていくように聴こえたのだった。

＊フォーレ／組曲「ペレアスとメリザンド」から「シシリエンヌ」ジャン・フルネ（指揮）オランダ放送フィルハーモニー管弦楽団

六、無著《むぢゃく》と世親《せしん》（奈良・興福寺北円堂）

力を増した陽の光が、萌え出たばかりの透き通る淡い緑を、大寺の土塀や公園の水辺に輝かせている。

私は一年で一番好きな季節に、最も愛する仏像にお会いするために、猿沢の池畔を薫風に吹かれながらゆったりと歩いていた。

これから興福寺の北円堂に向かうのだ。このお堂に、私がお目にかかりたい無著菩薩と世親菩薩という二体の仏像が安置されている。今年はどんなお顔で私に会って下さるのか、どんなことを教えてくれるのだろうか、それを想っただけで心が弾んでしかたがない。

法相宗の大本山である興福寺は、藤原氏の菩提寺として平安時代おおいに栄えたが、平重衡らの手によって伽藍は焼失してしまう。いわゆる南都焼討だ。

しかし鎌倉幕府の庇護が得られてからは、堂塔が再建され、堂内には慶派による多くの仏像が新造された。残念なことにその後の罹災によってほとんどの建造物は失われたが、鎌倉時代の遺構を現在確かめることができる建物が唯一残っている。それが寺域の最西に位置する北円堂だ。

北円堂は常時公開している他の建物とは違い、春と秋の其々二週間ほどしか一般に開かれない。だからこのお堂と内部にある諸仏を拝観したければ、こぞってこの時に足を運ぶことになる。


先程、最も愛する仏像にお会いするためにと書いたが、その実、私がこの北円堂にある運慶一門作の無著像、世親像にそのような気持ちを抱くようになったのはそう昔のことではなかった。

奈良の東大寺や薬師寺、唐招提寺など、伽藍とそこに安置されている諸仏に親しんできた私にとって、興福寺というと、確かに国宝館に展示される八部衆、就中「阿修羅像」、十大弟子の「須菩提」など素晴らしく魅力的ではあるけれど、それは仏教美術の名品を鑑賞するという単一の意味においてであり、このような展示は、仏像が本来あるべき形態とは違うと考えていた。つまり興福寺には国宝級の仏像はあっても、像と伽藍と一体になった感動は得られないものと勝手に思っていたのだ。

それならば北円堂はどうだったのかというと、勿論この八角堂が鎌倉時代唯一の遺構ということも知っていたし、中の仏像が皆国宝だということも知っていた。それに外観だけなら塀の向こう側にいつも見えていた。だがしかし、春と秋の連休という人混みの時にわざわざ出かけることはあるまいと、要するに敬遠し続けてきたのだった。

ところがある日のこと、雨宿りの積りに入った都内の書店で立ち読みしていた美術書の一頁に、私は釘付けになった。強い衝撃を受けたと言ったらいいのだろうか、声を発することもならず見詰めることしかできなかった。

見開きになったそのページに掲載されていたのは、果たしてこれが仏像なのかと思えるほどリアルな体躯と顔貌を備え、その表情はまさに今にも私に語りかけてくる寸前の人そのもの、否、並の人間の喜怒哀楽の感情をはるかに超えた、人間の存在のすべてがはっきりと刻まれた彫刻だったのだ。そしてそれこそが北円堂の無著像と世親だったのだ。

　これはどうしても実物に接しなければならないと思った私が、人混みを覚悟して出かけたのが九年前の秋、連休が始まる前日のことだった。

　だが行ってみると、案に相違して北円堂の周囲は大変すいていた。行列もなく、ぱらぱらと人影がある程度だった。北円堂に向かう前に行った国宝館は入場するのに一時間待ちという掲示が出ていて諦めたというのに、これは大きな違いだ。勿論私にとっては人混みがないのは結構だが、やはり人気のある阿修羅像に比べて北円堂の仏像は地味なのだろうか。


　堂のすぐ傍まで近づくと、遠方からの視点とは異なり、建物の高さも規模も意外なほど大きい。ことに八角形の一辺を成す屋根は深く地上に影を作っている。一段一段が高く踏み込みが浅い石段を上り、堂内に入る前に思うことがあってまず垂直に伸びた太い柱に触れた。

　私は古寺の扉や柱に使われている木材の質感を肌で感じておきたいと思い、必ず手で触ってみることにしている。これまでも法隆寺や唐招提寺、京都の広隆寺で、木材が耐えてきた年月の重みを肌から感じことが幾度となくあったからだ。

ここ北円堂の柱は、無垢でぎっちり詰まった豊かな木質で、驚いたことにほのかな温かみさえ覚えた。この柱が八百年前の鎌倉時代からずっとここに佇立していたかと思うだけで何とも愛おしく思われることだ。


内陣の正面には脇侍の法苑林菩薩、大妙相菩薩を従えた弥勒如来が鎮座し、四隅を四天王像が守護している。そして右と左の端に其々無著、世親が、この堂内の諸仏の中で異彩を放ちつつどっしり直立している。

堂内の仏像がほぼ同時期に作られ、作者も運慶とその一門ということがわかっているが、無著と世親の二体だけは他の像に比べて表現に大きな違いがあるように感じる。というのは、無著像と世親像は他の仏像より格段に生命力に溢れ、表情も人間そのもの、まるで生きた人間のごとくに思われるのだ。

それに、写真ではわからなかったことだが、身の丈が長身の男性と同じほどあり、体躯はふくよかな盛り上がりを見せるばかりでなく、照明ごしに背面から拝見すると、その巨大さは眼前に大きく迫り、圧倒されてしまう。

しかしそれ以上に無著、世親両像が人間的たというのは。その個性的な面差しによるものだ。見るからに無著は老人の、世親は壮年の姿をしている。私の直観では、無著は経験から得た永遠の智慧を、世親は道を踏み外さないための戒めを語りかけていると思われてならなかった。

無著と世親は弥勒の弟子とされており、五世紀インドで大乗仏教法相の教義を窮めた兄弟だ。彼らは「唯識」、つまり「すべては心＝識」という理を論じた。「唯識」は後に唐の玄奘三蔵によって体系化され、それを遣唐使が日本に伝えた。わが国でその教義は大和の興福寺と薬師寺が道場とされた。即ち興福寺にとって無著と世親は宗祖に等しい。そのために現在では無著菩薩、世親菩薩というように尊崇の意味を込めて仏に列せられているが、元々彼等は人間の存在をその心に求めた学者であり、智の力を信じそれを窮めた人物だったのだ。

私は、運慶たちが無著、世親兄弟の深い教養とその実践を像に留めるように表現したのだと思う。それが現代に生きる私たちに慈愛として受け止められる所以なのだ。

労苦を重ねてきた顔貌と彼らの体躯を併せ見ていると、その総身から発せられる力の放射には永遠の時間が宿っている。この二像は、仏像の形を借りた超人性の表象、すなわち全宇宙の不可思議を解き明かそうとする叡智そのものだ。それなのにも無著も世親も人間の姿形と顔をもっている。実はそれこそが仏像の意味であり、存在する理由なのではないだろうか。

私は、仏像とは人の手によって作りだされた人間の理想だと思う。仏像は仏の姿に託した人智と人間愛の結晶だ。さらに言うと、仏教の本質とは「自らの心に問う」ことであり、たとえ心という存在が幻であろうと、つねに私たちは心に問い続けなければならない。何故ならそれこそが「生きていく」ことの証だからだ。

興福寺で最も人気がある阿修羅像は、確かに永遠を見通す眼差しが素晴らしく芸術的だと思うが、それはあの像の有する若々しい容姿と美貌に眼が惹きつけられる故であり、世親像、無著像が私たちの心に問いかけてくる含蓄には及ばないように思う。少なくとも私は、阿修羅の神性よりは清濁併せ呑んだ人間の理想形である無著、世親に惹かれてならないのである。

初めてこの二像にお会いしてから毎年春と秋に、北円堂に通い続けてきた。堂内に入り、無著、世親像にまみえると、不思議なことにいつも初めてお会いするような気がする。ある時は無著に諭されたように思い、世親に励まされた心持がした。この九年間、様々な心の葛藤が私の身を苛んできた。それを不遜にも私は世親と無著像にぶつけたこともあった。ある日の夕刻、参観の人が絶えて耳に痛いほどの静寂が堂内に訪れた時、私は確かに彼らの声を聴いた。

それは「結論を急ぐことはない。人として生きていく過程を大事にして、つねに考えながら生きなさい」というものだった。

私はこれからもここに通うだろう。私の心を問い直すためにである。

無窮の宇宙に息を吹きかけるような、透明な響きをここで是非聴きたいと思う。それはバッハの無伴奏フルート・ソナタだ。じつはこの曲には私の苦くも切ない思い出が詰まっているが、そうした悲喜交々を洗い流す清流のごとき音楽を聴きながら、この稿を締めくくりたい。

＊Ｊ・Ｓ・バッハ／無伴奏フルート・ソナタイ短調ＢＷＶ１０１３
オーレル・ニコレ（ｆｌ）、カール・リヒター（ｃｅｍ）

二条大橋からの遠望

天啓のラルゲット

――人類愛に満ちたワルターの魂の演奏

その時、天啓のように、その音楽が、私の中で鳴り始めた。
ワルターが導く、ベートーヴェンの第二交響曲、第二楽章ラルゲット……。
雲間から光が差し、「生」への意欲を与えられた瞬間であった。

昨日の朝、私は京都に降り立った。
のぞみのドアが開くと、眼を射るほどに光が溢れ、眩しい。ほんの少し前、関ヶ原を過ぎた頃は、春の雨が煙って山の形さえ判然としなかったというのに。

修学旅行の生徒で賑やかなコンコースから烏丸口へ廻り、バスに乗って二条大橋の畔で降りると、清々しい鴨の流れが目の前に広がった。

ここは、私が京都で最も好きな場所だ。

見渡すと、はるか流れの上流には、まだ雪をかぶった北山が聳え、右にはたおやかな東山の峰々、なだらかな麓には寺の塔と屋根が朝の光線を浴びて点在している。流れの両岸は萌え始めた草の匂いでむせかえるようだが、飛び石を踏んで川の真ん中に立ち、碧い空を見上げて思いっ切り空気を吸い込むと、

「ああ、また京都に来たんだ」

と、懐かしさがいっぱいになった。


新幹線が開通した次の年、父に連れられ初めてこの古都の土を踏んだ。学生時代続けた添乗員のアルバイトでは、ほとんどの寺社庭園を巡った。かつて友人達や、恋人と愉しく街を歩いたこともあった。

そこに今、独りで立っている。しかし寂しくはない。

こうして鴨川の瀬音を聞きながら、むしろ心穏やかに満ちてくる期待に胸を膨らませているからだ。

京都に来るならこの季節が一番だ。しんしんと冷えこむ厳冬や油照りの酷暑も人が少なくて結構だが、花が葉桜に変わって、あちこちで木の芽が吹き出す新緑から、翠の濃さが次第に増してくる梅雨にかけてが断然いい。

それに今日は天気も上々だ。

まずは紫野の大徳寺へ行き、山内の黄梅院の門をくぐった。

黄梅院は春と秋の短い間のみ開く寺で、戦国時代の武将、小早川隆景が本能寺の変後、一時織田信長の墓所としていた庵に本堂を寄進して開いたという。

庫裏の前の大きな青楓を正面に見ながら左に進み、水を打った露地の敷石を塀伝いに歩むと、滑らかに湿り気を含んだ苔と瑞々しく芽吹いた植え込みが私の視界を緑色に満たしていった。

薄暗い廊下を抜けて、千利休が作庭と伝わる直中庭の前に立った。絢爛を嫌った利休好みの造作が好ましい。

すでに陽は高く、庭の木々は光を受けて煌めきを増し、時折空を雲がよぎるのか、一斉に辺りが暗色を帯び、涼やかな風が流れていく。

光が織り成す陰に陽に変化する表情は表現に迷うほど美しい。

「今日は拝観の方、少のおす。どうぞゆっくり見とくれやす」

と、案内の女性が声をかけてきた。

「どちらから来はったんどす?」

京ことばにどぎまぎしながら「東京です」

と答えると、急に真顔になって、

「こないだの地震、大変どしたなあ。ここの柱かて、よう揺れましたえ。ほんまにこわいことどした」と、軒柱を撫でた。


体に記憶が蘇ってきた。地震や津波で破壊されたものはまた作ればよい。しかし、亡くなった人はもう戻らない。心に震えが走った。

私自身、この五年の間に両親を続けて喪った。両親とも高齢だったから覚悟はしていたが、人の死に直面した衝撃は思いもよらず強く、うろたえた。

ところが、今年の震災では、日本人すべての足元が根こそぎすくわれたような虚無感と終わりの見えない焦燥が、私たちの居場所さえ見失わせてしまっている。

振り払えぬ翳った気持ちのまま黄梅院を出て、大徳寺境内の石畳を歩いていくと、松の向こうに大きな伽藍が見えてきた。

私は日本建築、とりわけ寺院の大屋根の曲線の美しさに惹かれる。それは、「反り」という伝統的な造形のもつ力が、私の心に平衡と安定を与えるからだろうと思う。

太陽を反射して輝く楼門や仏殿の屋根瓦の波、参道沿いに続いている松並木の緑、そして碧い空。そこでは時が止まっている。

何の音もしない。

すべての災いや不安が遠い昔のことのように思えてきた。すると、心が穏やかにほぐれてきて、ざわめきや波立ちも融けるように鎮まった。

思いついて、すぐ傍の今宮神社に向かった。

参道の両側にはあぶり餅を売る茶店が一軒ずつあって、客を呼び込む声がしている。

一口大にちぎった搗きたての餅を串に刺し、お婆さんが火鉢の炭火でこんがりと炙り、白味噌のたれをかけて出す。餅を炙る匂いと薄い煙に誘われて、私はその一軒、「かざりや」に入った。

神社の門から続く石畳の道と田舎家風の茶店は、まるで江戸の昔と変わらぬ光景だ。道に張り出した縁台に腰をおろしてあぶり餅を頬張ると、この餅が好きだった父と母の俤が浮かぶ。

心と腹がじんわり温まってきた。午後の日差しも柔らかい。これから行っても夕暮れには間に合うだろうかと、久しぶりに三千院へ行くことにした。

高野川に沿った国道も、山端の「平八」を過ぎるとにわかに鄙びてくる。急な山道や暗い林間を抜けて広がる大原の里は京の田舎だ。

バスを降り、紫蘇の畑や漬け物の店を眺めながら急坂の道を水かさの多い流れに沿って辿っていく。最後にひときわ難儀な石段を「えい」とばかりに登りきると、目指す三千院は目の前だ。拝観の人の絶えない寺だが、奥の往生極楽院の内陣まで入る人は少ない。

陽がだいぶ傾いて、西の空が紅く染まってきた。私は靴を脱いで往生極楽院のお堂に上がり、畳敷に跪いた。

暗い堂内に目が馴れるまで時間がかかりそうだ。何人か居た参拝者は立ち去ったのか、静寂が訪れた。

わずかに障子に差す夕方の淡い光と青楓の色の中に、本尊・阿弥陀如来と脇侍の二体の菩薩の姿が浮かび上がってきた。

御仏と私とを隔てるものは何もない。

幾千万という善男善女の願いと祈りを受け止めてきたお身体が発する威厳と不思議な温かみが私を包み込んできた。何故か心臓がどきどきする。思わず眼をつぶると、一層静寂が深まった。

その時だった。

何かがすっと動く気配を感じて眼を開くと、脇侍の勢至、観音の両菩薩が私に向かって立ち上がろうとしているように見えた。

私は端坐し直し、合掌「南無阿弥陀佛」と何遍となく唱えた。

それは私の身近で死を迎えた人、また理不尽にも突然生命を奪われた多くの人たちが極楽浄土で往生を遂げてほしい、という心からの願いだった。そうしなければいられない強い意識に気圧されて、いとも自然に、念仏が口を衝いて出たのだ。

御仏と私とは今、同じこの空間に間違いなく「居た」のだと感じた。

お堂を出ると、夜の帳はそこまで迫ってきていた。戸を閉めに来た一人の僧が私とすれ違いにお堂に入って行きかけ、ふとこちらを振り向き、穏やかに、「ようお参りくださいました」と言った。私は「今日は貴重な体験をさせていただきました」と、静かに頭を下げ、山を下った。

翌朝。

雲が垂れこめて空は暗く、東福寺は静かだ。

入口の臥雲橋から見上げると、青楓の木で埋め尽くされた渓谷のはるか向こうに通天橋を望むことができる。

通天橋は、橋と言っても、仏殿から開山堂に至る渓谷に架かる重厚な屋根と太い柱をもつ建物だ。

この橋廊の中央に立つと、今朝は右も左も緑の海のようだ。その緑の緞帳に包まれながら、私は一枚の幼葉を手に取った。

幼葉は微かな湿り気を帯び、仄かに温かかった。だが少し力を入れると、指の間で潰れてしまいそうな危うさもあった。

それはまるで生まれたばかりの赤ん坊の掌そのものだ。

自分の手の中に「いのち」を感じたその時、あの曲が私の中に響き始めた。

生きる喜び、萌え出ずる若葉のエネルギーそのものの音楽、それこそベートーヴェンの第二交響曲、わけても素晴らしい第二楽章ラルゲット。

この楽章は、生命の輝きを直截に歌い、楽聖のあらゆる作品の中でもとても美しい。

そして、その美しさを絶妙なテンポと優美な音色で完璧に再現したのは、ワルターが指揮するコロンビア交響楽団の演奏。

人類愛に満ちた優しい眼差しをもつ、この巨匠の、魂の演奏なのだ。

東福寺に風が吹いてきた。

私は、曲を口ずさみ、腕を空に向かってぐっと伸ばし、「生きたい」と、声に出した。

2016/4 京都の桜

保延裕史さんのこと

宇野　功芳

保延裕史さんがエッセイ集を処女出版された。彼とのおつきあいは３０年にもおよぶ。１９８６年、ぼくはカメラータトウキョウの依頼で、佐藤眞の名作《若人のうた》をメインとする『宇野功芳・合唱の世界』をセッション録音した。会場はつくばのノバホール、合唱団は日本合唱協会で、すばらしく上手だった。このＣＤは３０年後の今も現役である（２５ＣＭ１９）。

その日本合唱協会のマネージャーが保延さんで、テノールのパートを歌っていた。彼を雑誌『音楽現代』に紹介したのはぼくで、毎月健筆をふるっているが、１２年刊行のムック『宇野功芳編集長の本　ブルーノ・ワルター』（音楽之友社）にも執筆していただいた。そのときのエッセイが『天啓のラルゲット』という一文であり、詩情あふれる文章に感動したぼくが、單行本の出版を強くすすめたのである。

「祈りは響く」というすてきなタイトルをもつ本書は、保延さんがこよなく愛する京・

奈良の風物や寺社、仏像などについて、自分の人生観を交じえながら語り尽くしたエッセイ集で、そこから触発されたクラシック音楽への想いが花を添える。

なによりもぼくは、全篇を流れる眞摯な祈りの感情に打たれた。これは一つの祈りの書であるが、その祈りは無常感と一体になっている。いかなる宗教も信じない彼は、人間の死後を無と断じている。それでいて、仏像と相対したときの彼は、自問自答を繰返す。ぼくがとくに打たれたのは、薬師寺の薬師如来像に母上の病気快癒を祈って冷たく突き放されたときのことだ。「お前はただ母親の死が怖くてここに逃げてきただけではないのか」。保延さんはたしかに薬師如来の拒絶の言葉を聞いたのだ。

本書全体を底流する《死は無である》という無常のひびきにぼくは何より共感する者である。とくに「五山送り火」の章は感動的だ。一見ニヒリズムのようでいて、しかも仏様に祈りを捧げる保延さんの心の裡に矛盾はない。それが保延さんの眞実だからである。

前記、薬師寺もそうだが、有名な永観堂のみかえり阿弥陀が語ったと言う「永観、おそし」の解釈も、深い洞察力に裏打ちされた、彼の格別な温かい人柄の反映だと思う。

ぼくもエッセイを書くのが好きだが、仏像の描寫ひとつをとっても、保延さんのように微に入り細を穿った文章を綴るのは絶対に無理だ。これは彼の特別な才能だと思うが、その最も優れた例が祇園囃子の描寫であろう。祇園囃子についてのこれ以上緻密な文章にぼくは出会ったことがない。それだけでも感動的だが、その文章はやがてバッハの「マタイ受難曲」へと移ってゆく。少し離れた場所で聴く囃子のひびきが、「マタイ」の中のアルトのアリア《神よ、憐れみたまえ》に似ているというのだ。祭の音楽というものはどこか淋しい気がするが、キリストを死に追いやった自分たちの罪を悔悟しつつ、ソロ・ヴァイオリンの助奏とともに涙ながらに歌うアルトのこのアリアは、「マタイ」の中の白眉である。それに似ていると保延さんはいうのだ。

　ところが歩を進め、近くで聴く囃子の音楽はまったく違う清涼で玲瓏な音色であり、繰返されるドソラミという音階が《パルジファル》の場面転換の音楽を思い出させと書いているのである。ぼくは祇園祭に行ったことがないので確かめるすべを持たないが、保延さんの感性を信じることができる。本書でもここは最も印象的な部分であった。

　さて、この文の最後はどうしても無著と世親で終りたい。それは奈良・興福寺の両菩薩についてだ。ぼくは興福寺の仏像ではなんといっても阿修羅が好きで、若い頃から何度足を運んだか分からない。興福寺のみならず、阿修羅こそ、すべての仏像中の最高傑作だと思って来た。

ところがあるとき、保延さんが興福寺には阿修羅よりもっとすばらしい仏像が2体ある。それは北円堂の中の無著と世親だというのである。あの阿修羅よりすばらしい仏像が存在するのか！ぼくはもう矢も盾もたまらず、日帰りで奈良へ行こうと思った。たまたま同じ時期に保延さんも京都に行くことになっており、それでは近鉄奈良駅で待ち合わせ、北円堂にご一緒しましょう、ということになった。

初めて見る運慶の傑作！これについては「レコード芸術」の連載ページに書いたし、なによりも本書にご本人が執筆されている。ぼくが涙を流して拝した両菩薩への感動が、文章にあふれ出ている。まさにこの章は本書のクライマックスといえよう。

音楽之友社発行のムック「ブルーノ・ワルター」に書いていただいた「天啓のラルゲット」は本書を生み出す機縁になった忘れ難い名文である。内容のだぶっているところはあるが、附録のような形で加えることを提案し、実現した。ここに附記しておきたい。

掲載楽曲のＣＤ一覧表

◎京都にクラシックはよく似合う

グリーグ／組曲《ホルベアの時代から（ホルベルク組曲）》作品４０　スウィトナー／シュターツカペレ・ベルリン　キングレコード　ＫＩＣＣ５６３７

モーツァルト／クラリネット協奏曲イ長調ＫＶ６２２　シフリン（ｃｌ）、シュウォーツ／モーストリー・モーツァルトｏ．　ＤＥＬＯＳ　ＤＥ３０２０

ブラームス／クラリネット五重奏曲ロ短調作品１１５　プリンツ（ｃｌ）ウィーン室内合奏団日本コロムビア　ＣＯＣＯ７３１４６

プーランク／クラリネット・ソナタ　ポルタル（ｃｌ）、ロジェ（ｐ）　ＤＥＣＣＡ　ＣＯＬＬＥＣＴＯＲＳ４７０７５９７

Ｒ・シュトラウス／《万霊節》作品１０—８、《明日こそは！》作品２７—４
Ｆ＝ディースカウ（Ｂｒ）、ムーア（ｐ）（現在廃盤）

ブラームス／ピアノ協奏曲第2番変ロ長調作品83　リヒテル（p）、マゼール／パリo．（現在廃盤）、バックハウス（p）、ベーム／ウィーンpo　ユニバーサルミュージックUCCD9172

J・S・バッハ／トッカータとフーガへ長調BWV540　リヒター（org）　Dgoriginals4775337

ブルックナー／交響曲第6番イ長調　ヴァント／ミュンヘンpo　キングレコードKICC813

P・ヤルヴィ／フランクフルト放送so　ソニーミュージックSICC1025

J・S・バッハ／《マタイ受難曲》BWV244から「神よ、憐れみたまえ」テッパー（A）、リヒター／ミュンヘン・バッハo．　ユニバーサルミュージックUCGA9004／6あるいはPOCA2006／8

ワーグナー／舞台神聖祝典劇《パルジファル》第1幕から場面転換の音楽　クナッパーツブッシュ／バイロイト祝祭o、cho他　DECCAoriginals4757785

ラヴェル／弦楽四重奏曲へ長調　カペーsq　オーパス蔵OPK2057

フランク／ヴァイオリン・ソナタイ長調　ティボー（ｖｎ）、コルトー（ｐ）　オーパス蔵ＯＰＫ２０７７

上田真樹／混声合唱とピアノのための組曲《夢の意味》　山田和樹／東京混声ｃｈｏ、新垣隆（ｐ）　フォンテックＥＦＣＤ４１２１

◎仏さまと出会う旅

ベートーヴェン／交響曲第５番ハ短調作品６７　チェリビダッケ／ミュンヘンｐｏ　ユニバーサルミュージックＴＯＣＥ１６００３

モーツァルト／フルートとハープのための協奏曲ハ長調ＫＶ２９９　ランパル（ｆｌ）、ラスキーヌ（ｈｐ）、パイヤール／パイヤール室内ｏ．　ＷＡＲＮＥＲ　ＣＬＡＳＳＩＣＳ　ＷＰＣＳ２１０５０

シューベルト／《楽興の時》Ｄ７８０から第６曲変ニ長調　内田光子（ｐ）ＤＥＣＣＡ　ＣＯＬＬＥＣＴＯＲＳ４７５６２８２

ショパン／《24の前奏曲》作品28から第15曲変ニ長調「雨だれ」　ソコロフ（p）　ユニバーサルミュージックUCCG1695／6

フォーレ／組曲《ペレアスとメリザンド》から「シシリエンヌ」　フルネ／オランダ放送po　日本コロムビアCOCO70503

J・S・バッハ／無伴奏フルートのためのパルティータロ短調BWV1013　ニコレ（fl）、リヒター（cem）　ユニバーサルミュージックUCCG5365

◎天啓のラルゲット

ベートーヴェン／交響曲第2番ニ長調作品36　ワルター／コロンビアso　ソニーミュージックSRCR2307

交通アクセス案内

＊鴨川・二条大橋
　市バス「京都市役所前」、京都バス「川端二条」
賀茂川・出雲路橋
　市バス「出雲路橋」

＊大原
　京都バス「大原」下車、三千院まで徒歩15分、寂光院まで徒歩25分

＊美山かやぶきの里
京都駅からJR園部（快速35分）山陰線普通で7分で日吉、南丹市営バスで45分「美山かやぶきの里・北村」

＊祇園祭
「宵山」四条通り近辺の鉾町へは地下鉄南北線「四条」、阪急京都線「烏丸」、市バス「四条烏丸」「四条西洞院」下車、「山鉾巡行」地下鉄南北線「四条」、南北線と東西線「烏丸御池」、東西線「京都市役所前」、阪急京都線「烏丸」下車、「八坂神社」は市バス「祇園」下車

徒歩５分、京阪本線「祇園四条」下車徒歩１０分

＊大徳寺
　市バス「大徳寺前」徒歩５分
今宮神社
　市バス「今宮神社前」
光悦寺
　市バス「鷹峯源光庵前」下車徒歩１０分

＊慈照寺（銀閣寺）
　市バス「銀閣寺前」下車徒歩１０分、「銀閣寺道」下車徒歩１５分

＊薬師寺
　近鉄橿原線「西ノ京」下車徒歩１０分

＊平等院
　ＪＲ奈良線「宇治」下車徒歩１５分、京阪宇治線「宇治」下車徒歩１０分

＊中宮寺

JR大和路線「法隆寺」下車、奈良交通バス「中宮寺前」下車徒歩15分

＊永観堂禅林寺

市バス「南禅寺永観堂道」下車徒歩5分

＊渡岸寺観音堂（向源寺）

JR北陸線「高月」下車徒歩15分

＊興福寺北円堂

近鉄奈良線「近鉄奈良」下車徒歩10分

＊東福寺

京阪本線「東福寺」下車徒歩10分、市バス「東福寺」下車徒歩10分

あとがき

最後までお読みいただき有難うございました。心より御礼申し上げます。

身のほどを弁えないようですが、心の裡にいつも響いているクラシック音楽と風景や造形芸術の美が結びつくことは、私にとってとても自然なことでした。また、それを文章にまとめ上げる作業は難しいものでしたが、一方で寝食を忘れるほど愉しい時間でもありました。

それで、私にとっていつも文章の師と仰ぐ夏目漱石、内田百閒、そして池波正太郎という達人たちの足下に少しでも近づきたいと願い、初のエッセイ集を編むことにいたしました。

ところが、京都・奈良の風景や仏像のお姿から感じ取った様々のことを書き進めるうちに、私の思いが募りに募って文明論や死生観にまで行き着いてしまったのです。

本エッセイ集の執筆を勧めてくださった宇野功芳先生は、このような内容の深化から「祈りの書」としての上梓を提案され、当初目論んでいた洒脱で軽快なエッセイ集から大きく変貌を遂げることとなりました。

先生は、気付かなかった私の本質を見抜き、さらに多くの助言と励ましをくださいました。心より感謝いたします。

本書の写真は今村有里さんにお願いしました。ちょうど桜の盛りの記録となりました。ありがとうございました。

出版に当たっては㈱芸術現代社社長・大坪盛氏のお力添えを頂戴いたしました。この場を借りて厚く御礼申し上げます。

二〇一六年五月

保延　裕史

著者近影

保延裕史（ほのべ　ひろし）

音楽評論家、合唱指揮者、エッセイスト。1955年東京に生まれる。立教高校（現・立教新座高校）、立教大学を通して合唱に親しみ、79年プロ合唱団・日本合唱協会に入団、テノールとして活躍。皆川達夫、福永陽一郎、北村協一、畑中良輔、山田一雄、増田順平各氏に指導、薫陶を受ける。86年ＣＤ録音を機に音楽評論家、指揮者・宇野功芳氏の知遇を得、同氏の勧めにより88年より執筆活動を開始。「音楽の友」「クラシック・プレス」等の雑誌、新聞に評論、コンサート・プログラム曲目解説を執筆、現在「音楽現代」レギュラー執筆者。ONTOMOMOOK宇野功芳編集長の本「音より音楽へ」、同「ブルーノ・ワルター」（音楽之友社）、GAKKENMOOK「フルトヴェングラー」(学習研究社)にエッセイを執筆。合唱団の指揮のほか全日本合唱連盟関係のコンクール審査員を多数務めている。ミュージック・ペンクラブ・ジャパン会員。

祈りは響く ～京都・奈良を巡る音楽エッセイ

二〇一六年六月一七日　初版発行

著　者　保延　裕史

発行者　大坪　盛

発行所　株式会社芸術現代社
〒一一一－〇〇五四 東京都台東区鳥越二－十一－十一 TOMYビル三階
電話〇三－三八六一－二一五九 FAX〇三－三八六一－二一五七

制　作　株式会社 ソレイユ音楽事務所

印刷・製本　モリモト印刷株式会社

定　価　一、六〇〇円（税別）

ISBN 978-4-87463-204-8